Hans Jürgen Schultz

Partisanen der Humanität

Hans Jürgen Schultz

Partisanen der Humanität

Albert Schweitzer
Erich Fromm
Reinhold Schneider
Dietrich Bonhoeffer
Martin Luther King

Kreuz Verlag

CIP-Kurztitelaufnahme der Deutschen Bibliothek
Schultz, Hans Jürgen:
Partisanen der Humanität: Albert Schweitzer, Erich Fromm, Reinhold Schneider, Dietrich Bonhoeffer, Martin Luther King / Hans Jürgen Schultz. – 1. Aufl. – Stuttgart: Kreuz-Verlag, 1984.
ISBN 3-7831-0755-5

1. Auflage

Gestaltung: HF Ottmann
Bildnachweis: dpa; Thea Goldmann, Zürich; Bilderdienst Süddeutscher Verlag, München; EBA-Kirschner; Philippe Halsmann; ADN-Zentralbild, Berlin / DDR
Gesamtherstellung: Clausen & Bosse, Leck
ISBN 3 7831 0755 5

Inhalt

Vorwort

Die Porträtskizzen in diesem Buch verstehen sich nicht als Würdigungen, wohl aber als Huldigungen. Sie sind mein Versuch, mit den Mentoren, denen ich viel, sehr viel zu danken habe, im Gespräch zu bleiben, über ihren Tod hinaus. Dankbarkeit ist Denkarbeit.

Das Gedenken hat oft den Zweck, die Gedanken zu erübrigen. Erinnerung, die sich im Rückblick erschöpft, ist wie «das Salz, das dumm wird». Kann es gelingen, von Menschen, die nicht mehr da sind, so zu erzählen, daß deutlich wird: wir haben sie nicht hinter uns, sondern bei oder vielleicht sogar noch vor uns? Es müßte möglich sein, wenn sie ihrer Zeit voraus waren, wenn sie einen Blick hatten für das, was kommt, wenn sie keine Zuschauer waren, sondern Seher.

Keineswegs habe ich so etwas wie Hagiographie im Sinn. Auch in den Ruf nach Leit- und Vorbildern stimme ich nicht ein. «An Heldentum und Heiligkeit finde ich keinen Geschmack», notiert Albert Camus; «was mich interessiert, ist – ein Mensch zu sein.» Das wäre die Devise für die Annäherung an Schweitzer und Fromm, an Schneider, Bonhoeffer und King. Sie vermittelt eine angemessene Einstellung für die Fortsetzung des Dialogs mit ihnen.

Ein Mensch zu sein. Genau diese Intention macht die Gemeinsamkeit der scheinbar so verschiedenartigen fünf Namen aus. Ihr Denken war, trotz ungleicher Herkunft, von einer ebenso überraschenden wie offenkundigen und aufschlußreichen Verwandtschaft. Aus der Vielzahl ihrer Anregungen und Anstöße ergibt sich ein beziehungsreicher Zusammenhang, eine bemerkenswerte «Quintessenz».

Vertragen sich die Vorstellungen, die wir von Partisanentum auf der einen, von Humanität auf der anderen Seite haben? Sie werden es müssen. Denn der von radikalem Humanismus bestimmten Kritik der Gewalt, die hier vertreten wird, entspricht alles andere als ein zahnloser Pazifismus. Gewaltfreiheit bedeutet nicht Kampffreiheit, im Gegenteil, ihre Herausforderung greift weiter als jede Wirkung, die aus Gewehrläufen kommt. Die Waffe dieser Partisanen ist es, keine zu haben.

Sie riskieren, das kennzeichnet sie, Unerlaubtes. Wir befinden uns in einer historischen Situation, in der das Erlaubte (ein korrekter Knopfdruck auf Befehl zum Beispiel) das Tödliche sein kann. «Die Menschheitsgeschichte begann mit einem Akt des Ungehorsams», ist bei Erich Fromm zu lesen, «und es ist nicht unwahrscheinlich, daß sie mit einem Akt des Gehorsams ihr Ende finden wird.» Krieg funktioniert nicht ohne Gehorsam,

Friede nur noch durch Ungehorsam. Das ist unsere Lage.

Nie zuvor war Humanität so gefragt wie heute. Da sie jedoch nicht bereits vorhanden, sondern ein Postulat, ein Ziel ist, werden diejenigen, die auf sie setzen, ohne Zögern denunziert, Utopien anzuhängen. Aber was wäre wohl utopischer als der Glaube an die Fortdauer des Status quo? Wie es ist, kann es nicht bleiben. Ohne Veränderung keine Zukunft. Die Gegenwart ist eine unüberhörbare Einladung, endlich Humanität zu etablieren. Humanität ist kein Luxus, sondern der Fundus des Weiterlebens. Und es ist die *Weltferne der Realisten*, die diesen alarmierenden Sachverhalt verkennt und die in ruinierten Denk- und Lebensformen verharrt, aus denen jede Hoffnung ausgewandert ist.

Albert Schweitzer

«Ich bin Leben,
das leben will,
inmitten von Leben,
das leben will»

Um das Jahr 1850 ließ sich im Elsaß ein Lehrer mit allzu großer Kinderschar dazu herab, Krämer zu werden. Dieser Abtrünnige wollte eine Kompensierung: da er selbst darauf verzichtete, die Köpfe zu erhellen, sollte einer der Söhne die Seelen lenken; die Familie sollte einen Pastor erhalten, und zwar Charles. Charles machte Ausflüchte und lief statt dessen einer Zirkusreiterin nach. Man drehte sein Bild zur Wand und verbot die Erwähnung seines Namens. Wer kam nun an die Reihe? Auguste beeilte sich, dem väterlichen Opfer nachzueifern; er wurde Geschäftsmann und stand sich gut dabei. Blieb nur noch Louis, der keine ausgeprägten Neigungen besaß: der Vater nahm sich den ruhigen Jungen vor und machte ihn im Handumdrehen zum Pfarrer. Louis trieb später den Gehorsam so weit, daß er seinerseits einen Pastor erzeugte, Albert Schweitzer, dessen Laufbahn bekannt ist ...»

So beginnen die Memoiren «Les Mots» – im deutschen «Die Wörter» – von Jean-Paul Sartre. Er ist ein Enkel jenes enfant terrible, Charles, dessen Bild man zur Wand drehte, also ein Neffe von Albert Schweitzer, dessen Laufbahn, wie Sartre findet, bekannt ist. Ihre autobiographischen Berichte sind so verschieden wie ihre Autoren – «gallisch» im besten Sinn die von Sartre, voll Esprit und Witz, eine Chronique scandaleuse, in der nicht geschont noch geschönt wird, nur große Moralisten, Meister der Indiskretion, können so demaskieren; Schweitzers Beschreibung seiner

Kindheit und Jugend dagegen hat Hermann Hesse Jung-Stilling gleichgestellt, sie entspringt der Tradition fabulierlustiger Kalenderschriftstellerei, Gotthelf und Hebel haben ihm über die Schulter gesehen, Anekdotisches wird benutzt, um Architektonisches durchblicken zu lassen: den Lebensentwurf eines Menschen, der seinen selbstgewählten Weg mit eigenwilliger, bisweilen dickköpfiger Konsequenz beschreitet. Sartre und Schweitzer, sie sind bluts-, aber nicht wesensverwandt. Oder?

Schweitzer hatte schon als Schüler eine Vorliebe für Bücher, «die irgendwie Memoirencharakter hatten ..., weil es mir wertvoll war zu sehen, wie das Leben und die Gedanken eines Menschen zusammengehören.» So ist es nicht verwunderlich, daß er ziemlich früh sein eigener Biograph wird. Ein überaus reizvoller Lesestoff entsteht da. Wie von ungefähr fließt immerzu Erwägung in die Erzählung ein. Der Stil ist unprätentiös, vertrauenerweckend, gleichermaßen hintergründig wie einfach, pointiert wie leutselig. Dabei erscheint die Welt zunächst ganz klein. Aber in nuce ist alles, was später hinzukommt, vorhanden. Geboren am 14. Januar 1875 in Kaisersberg im Oberelsaß, aufgewachsen im nahegelegenen Günsbach, das Schweitzers Zuhause bleibt, auch wenn er weit weg lebt. Einen homme de Günsbach nennt er sich, als er längst ein citoyen de monde geworden ist, ein in einem Dorf verwurzelter Kosmopolit. Ein Gefühl der Nähe hat der Leser, obwohl er eingeladen wird, in die Ferne zu sehen oder gar zu gehen.

Schweitzers Rückblick «Aus meinem Leben und Denken» endet mit Sätzen, die zwar keine Resignation, wohl aber so etwas wie Ergebenheit am Schluß einer Bilanz ausdrücken: «Mein Haar beginnt zu ergrauen. Mein Körper fängt an, die Strapazen, die ich ihm zumutete, und die Jahre zu spüren. Dankbar blicke ich auf die Zeit zurück, in der ich, ohne mit meinen Kräften haushalten zu müssen, rastlos körperliche und geistige Arbeit leisten durfte. Gefaßt und demütig schaue ich auf die aus, die kommt, damit mich Verzichten, wenn es mir beschieden sein soll, nicht unvorbereitet treffe.»

Geschrieben am 7. März 1931. Schweitzer ist 56 Jahre alt, 34 hat er noch vor sich. Doch sein Leben wirkt abgerundet. Alles Wesentliche scheint geschehen, scheint auch gesagt zu sein. Oft ist bedauert worden, daß er die Aufzeichnung seiner Erinnerungen nicht fortgesetzt hat. Aber es folgen eben, so sieht es aus, keine aufsehenerregenden Veränderungen mehr, sondern es werden Linien, die man kennt, ausgezogen und vertieft. Schweitzer, man weiß es, hält sich vorwiegend in Lambarene auf, unternimmt nur gelegentlich Ausflüge in die weite Welt, äußert sich kaum zur Deutschlandpolitik von 1933 bis 1945, bemüht sich, Juden zu helfen, ihnen Fluchtwege zu bahnen oder sie als Mitarbeiter zu gewinnen. Viel mehr läßt sich nicht tun.

Kontakt mit einem hohen Vertreter des nationalsozialistischen Regimes gab es nur ein einziges Mal. Goebbels lud Schweitzer als Attraktion zu Konzerten und Vorträgen nach Deutschland ein. Er unterzeichnete seinen Brief «mit deutschem Gruß». Schweitzers Ablehnung, die prompt erfolgte, schloß «mit zentralafrikanischem Gruß». Auf Unfug reagierte er stets mit Ironie, oft mit Sarkasmus. Das war die andere, wenig bekannte Seite des Mannes mit dem Philanthropenhelm, bei dessen Bewertung durchweg Güte mit Gutmütigkeit verwechselt wird.

Er war nicht von hier, dieser Albert Schweitzer, mehr ein Gerücht als ein Mensch aus Fleisch und Blut, zuständig für Humanitäres, nicht also für Politik, trotz viel Furore ein «Stiller im Lande». Er wurde bereits zu Lebzeiten zur Legende. Legenden sagen oft mehr aus über den, der sie schreibt, als über den, den sie beschreiben. Während Schweitzer unter den schwierigsten Bedingungen in Lambarene in einem ganz und gar unvorstellbar belastenden Arbeitsalltag lebte, entstand in Europa Strich um Strich das Klischee von einem Hollywoodheiligen. Er, der Idealisierung verabscheute, wurde zu einem Idol in einer Idylle. Und um so eifriger wurde das Denkmal gepflegt, als mit der Zeit auch Kritik aufkam: Schweitzer sei, hieß es, autoritär, kolonialistisch und reaktionär; sein Leitungsstil im Hospital verrate nicht nur eigensinnige, sondern herrische Züge; das Krankenhaus halte medizinischen Entwicklungen und den Anforderungen moderner Hygiene nicht stand; der Alte sei unfähig abzudanken, sorge selber für seine monumentale Überhöhung – und so weiter. Jedermann dachte, mitreden zu können. Schweitzer wurde ein Gefangener seines Image. «Auch wenn ich ohne Gepäck ankomme, steht in der Zeitung, daß ich mein Köfferchen selber trage ...» Er war einer der bekanntesten Unbekannten seiner Zeit.

Sich vom Menschen ein Bild zu machen ist ein probater Versuch, Provokationen zu entkommen. Schweitzer aber war ein Provokateur ersten Ranges, und vielleicht hat die Stunde geschlagen, ihn aus dem Eldorado in seine und unsere Wirklichkeit zurückzurufen.

Er hat diese Reise in die Wirklichkeit symbolisch angetreten, als er im November 1954 nach Oslo fuhr. Im Jahr zuvor war ihm, nach langem Zögern übrigens, vom norwegischen Komitee der Nobelstiftung der Friedenspreis zugedacht worden. Er sollte, wie üblich, in Oslo die Urkunde überreicht bekommen und mit einer kurzen Dankrede antworten. Schweitzer aber hatte gerade keine Zeit. Er bat, wie gar nicht üblich, den Termin zu verschieben: er sei unter anderem Maurer, Zimmermann, Dachdecker und Schlosser und müsse zunächst das für zweihundertfünfzig Leprakranke geplante Dorf fertigstellen. Wie er dies große und wichtige Projekt bezahlen sollte, hatte er bei Baubeginn nicht gewußt. Der Nobelpreis kam ihm zustatten, um das Wellblech für die Dächer der Häuser zu kaufen. Als er endlich nach Norwegen reisen konnte, widerfuhr ihm ein Jubel, der ihm den Atem verschlug. Über dreißigtausend Menschen fanden sich – ungerufen, unorganisiert – auf dem Platz vor dem Rathaus ein. Helene und Albert Schweitzer standen auf dem Balkon, sahen in das Licht der Fackeln, das die Nacht aufhellte, und hörten zu ihrem Erstaunen, wie die nordische Menge einen Choral zu singen anfing. «Da feiern sie einen struppigen alten Mann», knurrte Schweitzer. Doch sie feierten nicht bloß. Sie halfen. Sie sammelten Geld für sein Lepradorf. Der Betrag, den die Norweger – kein reiches Volk – zusammenbrachten, war doppelt so hoch wie der des Friedensnobelpreises. Max Tau, dessen Rührigkeit diese Ehrung für Schweitzer zu danken ist, notierte: «Viel habe ich im Leben geträumt, oft stiegen meine Hoffnungen zum Himmel; aber alles Hoffen und alles Träumen wurde überboten von dem, was sich in diesen Tagen in Oslo ereignet hat.»

Das liest sich nun auch wieder, als wär's ein Kalenderblatt. Anders dagegen die Ansprache, die Schweitzer nach der Verleihung des Preises hielt. Das Weltpublikum erhielt eine Lektion in politischer Aufklärung. «Wagen wir, die Dinge zu sehen, wie sie sind» – nach dieser Schweitzer kennzeichnenden Devise fand eine unretuschierte Bestandsaufnahme statt, die zu dem Schluß führte, daß der Mensch mit seiner Tendenz zum Übermenschen zum Unmenschen geworden sei, erschöpft, entkräftet, außerstande, den von ihm selbst verursachten Bedrohungen entgegenzuwirken. Sein «geistiges Leben ist völlig desorganisiert». Die Diskrepanz zwischen seinem Wissen und seinem Willen, zwischen seiner Intelligenz und seiner Vitalität hat die Gefahr der Zerstörung alles Lebendigen mit sich gebracht. Schweitzer, dem immer bewußt war, in einer Periode des «Niedergangs» zu leben, und der die Rätselhaftigkeit des Daseins, die Unerklärlichkeit von Schmerz, Vernichtung, Tod in und um uns in seiner Kulturphilosophie ohne Vertröstung reflektiert hat, war zutiefst betroffen und beunruhigt durch den Einschnitt, den die Erfindung der Atombombe im Verlauf der Menschheitsgeschichte markiert. Hier ist etwas eingetreten, was noch nie da war, und es kann nur aufgehoben werden, wenn wiederum etwas eintritt, was noch nie da war. Die Atombombe ist kein Naturereignis, auch kein unverschuldetes Schicksal. Der Mensch hat sie geschaffen, der Mensch allein kann, ja er muß sie wieder abschaffen, sonst schafft sie ihn ab. «Also am Menschen liegt es.» Das ist ein Satz von Matthias Claudius, ein Satz der Aufklärung. Schweitzer macht ihn sich zu eigen, obwohl er harmlos klingt oder ohnmächtig; aber in der Lage, in der wir uns befinden, erfährt er eine unvermutete Relevanz. Es bleibt uns nicht erspart, «die äußeren Machtmittel», die wir erworben haben, in einer außerordentlichen Anstrengung mit unserer «Gesinnung» einzuholen.

Vier Jahre nach seiner Osloer Dank- und Friedensrede verschärft und präzisiert Schweitzer seine Analyse und seine Proklamation. Über das Friedensnobelkomitee übergibt er dem norwegischen Rundfunk das Manuskript für drei Vorträge, die am 28., 29. und 30. April 1958 ausgestrahlt und von 140 Radiostationen der ganzen Welt übernommen werden. Liest man sie heute, verschlägt die Aktualität einem den Atem. Durch die Aufrüstung der NATO mit atomaren Raketen wächst, so Schweitzer, die Bedrohung der Sowjetunion. Diese Spannung läßt einen Krieg mit Atomwaffen in Europa wahrscheinlicher werden als bisher. Auch die Gefahr eines durch technische oder menschliche Mängel ausgelösten Atomkriegs nimmt rapide zu. Um das «unvorstellbar Sinnlose» nicht geschehen zu lassen, schlägt Schweitzer vor: die Abschreckungstheorie in Frage zu stellen, eine atomwaffenfreie Zone in Europa anzustreben, die Sowjetunion in die Verpflichtung zu atomarer und auch konventioneller Abrüstung einzubeziehen und im übrigen die Abmachungen über Auf- und Abrüstung nicht den NATO-Generälen und europäischen Regierungen zu überlassen, sondern die *Völker* in den Stand zu setzen, sie zu «sanktionieren».

Dieser Schweitzer beschreibt sich als «Mann der individuellen Tat». Noch 1959 erklärt er seinen «Grundsatz, immer nur allein aufzutreten und zu kämpfen». Er ist weder Funktionär noch Repräsentant, er ist nur er, ohne Lobby und ohne

Apparat, jemand, der Macht nicht liebhat und dem deren Spiele fremd oder zuwider sind. Von seiner starken Abneigung gegen Kongresse, Manifeste und Resolutionen hat er sich erst zu einem Zeitpunkt nicht mehr bestimmen lassen, da das Erschrecken und Entsetzen der totalen Selbstvernichtungsmöglichkeiten der Menschheit ihn erfüllten. Er trat nun aus der Reserve heraus und entschloß sich zu allen nur denkbaren Versuchen öffentlicher Stellung- und Einflußnahme. 1953/54 schrieb er das Vorwort zur deutschen Ausgabe des pazifistischen Kriegstagebuchs seines Freundes Romain Rolland. Robert Jungk erzählt, daß jeder, der in diesen Jahren mit Schweitzer zusammentraf, intensiv über die Atomgefahr ausgefragt wurde: «Noch im neunten Jahrzehnt seines ereignisreichen Lebens begann A. Schweitzer, sich mit gewohnter Gründlichkeit über eines der neuesten Gebiete der Wissenschaft zu unterrichten: die Kernphysik, deren Entdeckung und Freisetzung er als ein Zeitereignis von größter Tragweite erkannt hatte.»

Die Atom-Neugier, wie er selber dieses sein jüngstes Interesse nannte, bewirkte bei Schweitzer ein weiteres «Nebenamt», das ihn bei ungeschmälertem Engagement in Lambarene täglich zwei bis drei Stunden konzentrierten Studiums kostete. Seine Briefe, nachts geschrieben, sind durchsetzt mit diesem Thema. Eine eigene Atombibliothek und ein Archiv mit einschlägigen Zeitungsausschnitten sind im Günsbacher Haus zu sehen. Die rund sechzig Bücher und die zahllosen Artikel über theoretische und praktische Atomphysik, über Biologie und Genetik, über Politologie, Recht, Ethik und Theologie sind voller Unterstreichungen und Randbemerkungen von ihm. Schweitzer ließ seinen Aufrufen sorgfältige Recherchen vorangehen, auch umfängliche Korrespondenzen mit Fachleuten aus Wissenschaft und Politik. Wer sich wunderte, daß der bisher so zurückhaltende, gern als «Gesinnungsethiker» belächelte Einzelgänger plötzlich «Mitverschworene» suchte und seine Position einer neutralen Universalität verließ, Manifeste über Manifeste unterzeichnete, Verbindung aufnahm mit Staatsmännern wie Nehru und Kennedy, daß er mit Bertrand Russell oder Dag Hammarskjöld Strategien für wirksame Proteste ausklügelte und sich – zusammen mit Martin Buber, Albert Einstein, Pablo Casals, Erich Fromm, Gunnar Myrdal, Martin Niemöller und anderen Protagonisten des Internationalismus – der amerikanischen Friedensbewegung SANE anschloß, die nicht nur dem atomaren Wettrüsten, sondern auch der Vietnampolitik der USA ihren entschiedenen Kampf ansagte – wer über den neuen, diesen unvorhergesehenen Albert Schweitzer ins Staunen geriet oder irritiert war, der konnte eine dreifache Erklärung von ihm hören:

Erstens fühlte sich Schweitzer nach dem Tod Einsteins in die Rolle des Nachfolgers dieses ungemütlichen, aber unüberhörbaren Mahners gedrängt. «Sie sind nun der Mann, auf den das Weltgewissen hört», schrieb ihm Max Born. Zweitens hat er den Friedensnobelpreis als eine ihn selber überraschende, «ja überfallende» Themen- und Aufgabenstellung empfunden und angenommen. Aus diesem Engagement war er nicht mehr zu entlassen. Zu den vielen Berufen seines Lebens hatte sich noch ein weiterer, der letzte hinzugesellt. Drittens traute er sich einen Zugang zu dem eigentlichen Adressaten der Friedensappelle zu: das sind nämlich die Menschen und nicht die Institutionen, die Bevölkerungen und nicht die Behörden, die Regierten und nicht die Regierungen. Schweitzer hat die herrschenden politischen Systeme und ihre Vertreter mit einer verblüffenden Vehemenz wegen ihres unerträglichen *Verlustes an Sensibilität und Kompetenz* angegriffen und angeklagt – davon wird noch zu reden sein.

Doch zunächst sei betont, daß seine Aufrufe pädagogisch-publizistische Glanz- und Lehrstücke sind. Er wollte der Augenwischerei, die die Atomstaaten, welcher Couleur auch immer, in einer fatalen Übereinkunft alle miteinander betrieben, ein Ende machen. In einer Sprache äußerster Verständlichkeit unterrichtete Schweitzer die Weltöffentlichkeit über sehr komplizierte, aber beunruhigende naturwissenschaftliche, technologische und militärpolitische Sachverhalte. Er scheute die Konkretion nicht, beschrieb nüchtern die Folgen der durch die Atomversuche beständig zunehmenden Radioaktivität, also der verheerenden Umweltverseuchung der Luft, des Wassers, des Bodens, der Pflanzen, und machte auf das in der Geschichte neuartige Phänomen von *Kriegsschäden in Friedenszeiten* aufmerksam. Auch wenn die Waffen noch ruhen, ist ihre tödliche Wirkung schon vorhanden. Es ist in erster Linie der *Arzt*,

Albert Einstein

der sich hier zu Wort meldet. Eine Krankheit, ein Karzinom hat den Erdball und seine Bewohner befallen. Er stellt trockene Diagnosen: «Was unser Körper an radioaktiven Elementen aufnimmt, wird in seinem Zellgewebe nicht gleichmäßig verteilt, sondern an besonderen Orten abgelagert, vornehmlich im Knochengewebe, wohl auch in der Milz und in der Leber. Von diesen Orten aus findet dann eine von innen kommende Bestrahlung statt, durch welche die für sie empfindlichen Organe in besonderer Weise geschädigt werden. Was ihr an Kraft abgeht, ersetzt diese Strahlung durch Dauer. Durch Jahre hindurch ist sie Tag und Nacht in Gang ...» In diesem Stil klärt Schweitzer auf. Wie konnte man diese Stimme überhören? Was ist das für eine Blindheit, Taubheit, Torheit, «welche die Menschheit furchtbar teuer zu stehen kommen» wird? «In Gedankenlosigkeit wandeln wir dahin», sagt Schweitzer, wählen weiterhin die, die unser Leben aufs Spiel setzen. Es kann doch nicht sein, «daß wir uns nicht noch beizeiten aufraffen und die Einsicht, den Ernst und den Mut aufbringen, um uns mit der Wirklichkeit auseinanderzusetzen».

Die Trägheit, mit der wir auf dem Pulverfaß sitzen, erschüttert Schweitzer um so mehr, als er allein auf einen breitangelegten Widerstand von unten seine Hoffnung zu setzen vermag. Bei seinen Versuchen der Aufrüttelung vergißt er taktische Rücksichtnahme, läßt seiner Spontaneität freien Lauf, erweist sich unversehens nun doch als ein Verwandter Jean-Paul Sartres, bis hin zur drastischen Wortwahl, wird ein Zwischenrufer, ein Störenfried, ein Frondeur. Edward Teller, den «Vater der schmutzigen Wasserstoffbombe», nennt der zornige alte Mann einen «Atomlyriker». Von John F. Kennedy will er wissen, warum er sich eigentlich einlasse auf das Drängen der Bundesrepublik Deutschland durch ihren «überaus unsympathischen Kriegsminister Franz Josef Strauß», Atomwaffen zu besitzen. Schweitzer wagte zu vermuten, «daß die Sowjetunion vielleicht doch nicht ganz so bösartig ist, daß sie nur daran dächte, sich bei erster Gelegenheit auf Europa zu stürzen, um es zu verschlingen, und auch vielleicht nicht ganz so unintelligent, daß sie sich nicht überlegte, ob sie Vorteil davon hätte, sich mit diesem unverdaulichen Brocken den Magen zu verderben». Wer sich so exponierte, setzte sich dem Ruf einer zweifelhaften Figur aus. Der Denkmalschutz wurde aufgehoben. Verdächtigungen wurden laut. Theodor Heuss, der Schweitzer in der Paulskirche 1951 noch zugestanden hatte, zwar kein Politiker, aber aus einer «metapolitischen Haltung heraus ein Politikum im Geistigen» zu sein, nannte ihn kurz und bündig einen Caféhauspazifisten. Schweitzer verlor viele alte Freunde. Da er immer, in allen Phasen seines Lebens, vertraut war mit dem Konflikt, der sich aus der Entscheidung für die Wahrheit ergibt, resignierte er nicht, sondern brachte mit seiner Neigung zum Spott und zur Derbheit seine unverblümte Verachtung für alle Taktiken und Taktiker der Verschleierung zum Ausdruck. Man habe es eben, so schrieb er am 17. Juli 1961 an Herbert Spiegelberg, weithin «mit verblödeten Staatsoberhäuptern zu tun, die mit der Atombombe spielen». Wer sich zum Anwalt des «Vernünftigen» mache, müsse darauf gefaßt sein, «als Communist gebrandmarkt» zu werden. Mehr falle den Gegnern nun einmal nicht ein ...

Wie etliche Freundschaften sich auflösten, so vertieften sich andere. Die Übereinstimmung mit Albert Einstein hat Schweitzer beglückt. «Merkwürdig ist», so schrieb er ihm, «wie oft in der Öffentlichkeit unsere Namen miteinander genannt werden. Ich finde es schön, daß wir denselben Vornamen haben ...» Sie hatten vieles gemeinsam, das darzustellen sich lohnen würde. Doch zuletzt war es die Einsicht, daß die Erde in Lebensgefahr geraten war, die sie in einer enormen Sym-Pathie zusammenführte. «Wir ängstigen uns miteinander um die Zukunft der Menschheit.» Ängstigen? Ist Angst etwa kein schlechter Ratgeber? Nein, Schweitzer und Einstein waren betroffen von der Fähigkeit und von der «Hemmungslosigkeit» der Politiker, den Menschen die normalste Reaktion von der Welt, nämlich auf Gefahr mit Angst zu antworten, abzugewöhnen. Angesichts solchen Stumpfsinns wurden Schweitzer und Einstein zu militanten Pazifisten. Aus Angst muß Widerstand werden. Einstein ging so weit, sich sogar für illegalen Kampf auszusprechen. «Ein Pazifismus, der die Rüstungen des Staates nicht aktiv angreift, bleibt ohnmächtig.» Unser Ziel kann nur die Weigerung «aller Menschen, Soldaten zu werden», sein; denn «wo Heere sind, folgen Kriege». Prompt nahm der FBI Einsteins

Spur auf. Der über fünfzehnhundert Seiten starke Polizeibericht will ihn unter anderem als den Kopf einer kommunistischen Verschwörung zur Beherrschung Hollywoods und als Komplizen der Entführer des Lindbergh-Babys belasten. Aber beide, Einstein wie Schweitzer, waren durch Verleumdungen nicht zu treffen. Ihr Humor hielt sie über Wasser. Sie brachten ihre Umgebung oft in Verlegenheit mit mokanten Äußerungen über jede Spielart von Untertanengeist. Es machte Schweitzer Spaß, Einstein zu zitieren: «Wenn einer mit Vergnügen in Reih und Glied zu einer Musik marschieren kann», so ist er eine schlimme «Ausgeburt des Herdenwesens» und «hat sein großes Gehirn nur aus einem Irrtum bekommen, da für ihn das Rückenmark schon völlig genügt hätte».

Ein Mangel an Respekt vor Autoritäten und Autoritärem war Schweitzer von Jugend auf eigen. Der Eintrag «Schweitzer lacht!» war keine Seltenheit im Klassenbuch. Daß er in seinen letzten Jahren Argwohn nicht nur hegte, sondern zu *öffentlichem Argwohn gegen Regierungen und Regierende aufrief*, hatte seinen Grund darin, daß er ihre Erschöpftheit, ihr Leistungsdefizit, ihre erschreckende Einbuße an Zuständigkeiten feststellte. Sie sind weder ihren Aufgaben noch ihren Ansprüchen gewachsen. Je inkompetenter Politik und Politiker dastehen, um so bornierter verhalten sie sich. Schweitzer trat ihnen unbeeindruckt, bald mit Schärfe, bald mit Pathos, entgegen und lieferte mit seiner Person und seiner Aktion ein Beispiel dafür, daß etablierte Politik durch die Phantasie und die Intuition von Nichtpolitikern teilweise ersetzt, zumindest aber ergänzt und inspiriert werden muß. Schweitzer hat nie einer Partei angehört. Man kann, das war seine Auffassung, um so freimütiger Partei *nehmen*, als man nicht Partei *ist*. Ich meine, wir brauchen tatsächlich solche Alternativen. Eine neuartige, bis zur Stunde kaum erprobte Entfaltung politischer Verantwortung von Nichtpolitikern ist wünschenswert, ja unerläßlich. Die Politiker haben die *Kunst des Möglichen* verlernt, weil sie vorwiegend um die *Gunst des Kläglichen* bemüht sind. Einer zur Exekution von Sachzwängen verkümmerten Politik gilt es Einhalt zu gebieten. «Gekommen ist die Zeit», erklärte Schweitzer fast wie ein Herold, «wo die Regierungen sich als die Vollstrecker des Volkswillens zu betrachten haben.» Allen, «die Lenkerposten in der Geschichte unserer Zeit innehaben, ohne zu verstehen, was in ihr vorgeht», wollte er «im Wege stehen». Regierungen kommen und gehen. Ihr Wechsel muß sein. Aber «die Völker und ihre Bürger sind das Bleibende. Ihr Wille ist das Entscheidende.»

Weil Schweitzer überzeugt war vom Unvermögen der politischen Führungen, dem nuklearen Unglück zuvorzukommen, setzte er die «vielleicht letzte Hoffnung» auf den entschlossenen Versuch, die Öffentlichkeit in einer alarmierenden

Aufklärungskampagne mit den Tatsachen und Auswirkungen des Wettrüstens zu konfrontieren und sie zu mobilisieren gegen die Tendenz zum Globocid, zur Selbstauslöschung der Erde. «Von unten» kann und muß das Nein kommen. Allein aus einer wachgerüttelten «öffentlichen Meinung» wird sich der Druck ergeben, der wenigstens die zaudernden unter den Politikern veranlaßt, dem Wahnsinn zu widerstehen. Das Korrelat von Öffentlichkeit ist nicht Masse, sondern Offenheit. Herrschaft kommt ohne Geheimwissen nicht aus. Eine durch Offenheit definierte Öffentlichkeit bedroht Geheimwissen, also Herrschaft. Sie löst sie nicht ab, sondern auf. Nichts geringeres hatte Schweitzer im Sinn. Nur in einer weltumfassenden Selbstbestimmungsbewegung der Menschen können Antikörper gegen die Atomkrankheit gebildet werden.

Selbstverständlich sind zur Vermeidung von Krieg, zur Gewinnung von Frieden Verhandlungen und Verträge, institutionelle und strategische Vorkehrungen auf höchster Ebene vonnöten. Aber ohne veränderte Grundeinstellung der Menschen sind sie, sagt Schweitzer, «nicht wirklich ratifiziert». *Ein Kontrakt macht keinen Frieden, wenn nicht Friede den Kontrakt gemacht hat.* In einem Augenblick, in dem sich die Gesetzmäßigkeiten, die Kriege herbeiführen, dermaßen verselbständigt und eine scheinbar unbeeinflußbare Eigen- und Übermacht angenommen haben, tritt ein alter Mann auf den Plan und ruft zu «Gedanken des

Friedens» auf. Gedanken sind, nach Kant, dem Philosophen des Friedens, «intelligible Taten». Deswegen ist, was einer denkt, so wichtig für das, was er tut. Und deswegen ist jede einzelne menschliche Existenz denkend und handelnd beteiligt an jenen Prozessen, die den Krieg oder den Frieden bewirken. Der Friede der Welt und der Friede des Individuums hängen zusammen. Wollten wir den Frieden andern (zum Beispiel Fachleuten) überlassen, so gliche er einem auf Sand gebauten Haus (oder Bunker). Wie der Krieg, so fängt auch der Friede bei jedem von uns an. Die These Schweitzers, die man früher als idealistisch zu denunzieren pflegte, verschärft sich mittlerweile zur Bedingung des Überlebens: «Auf die Füße kommt unsere Welt erst wieder, wenn sie sich beibringen läßt, daß ihr Heil nicht in Maßnahmen, sondern in neuen Gesinnungen besteht.» Wäre das nicht so, wir könnten tatsächlich nur die Hände in den Schoß legen. In der Sicht Albert Schweitzers aber werden wir alle, ausnahmslos, einberufen zum Frieden.

Der Optimismus Schweitzers befindet sich immerzu in Fehde mit seinem Pessimismus. Sie verhalten sich geradezu komplementär, das heißt, sie bedingen einander und schließen sich aus. Einerseits beklagt er die «abnorme Beeinflußbarkeit» des modernen Menschen, die fast völlige Preisgabe von Individualität, die Selbstverfehlung, das Mißverhältnis von Haben und Sein – wenige Zeitkritiker haben den «grotesken Fortschritt» in unserem Jahrhundert so messerscharf seziert wie er. Andererseits baut er – wie ebenfalls nur wenige – auf «Humanität». Sie «hat heute weltgeschichtliche Bedeutung». Die *Anwesenheit der Atombombe* ist ein Synonym für die *Abwesenheit von Humanität*. Und die Abwesenheit der Atombombe ist nicht anders als durch die Anwesenheit von Humanität zu erlangen. Der «gigantische Sprung zum Frieden», den «die Welt heute braucht», «besteht darin, daß wir den Mut zum Hoffen aufbringen, daß in den Menschen und Völkern der Geist der Vernünftigkeit und Menschlichkeit den der Unvernünftigkeit und Unmenschlichkeit verdrängen könne». Das «Material, aus dem dieser Geist sich entwickeln will», tragen wir «in uns».

Diese Humanität – eine conditio sine qua non für den Fortgang der Geschichte – kann allein dort gedeihen, wo die Menschen wirklich leben, also bei jedem von uns. Diese Humanität ist zwar ganz und gar beim einzelnen zu Hause, beschränkt sich jedoch niemals darauf, selbstgenügsam und von bloß privater Reichweite zu sein. Diese Humanität ist nicht zu delegieren an einige wenige, die für die vielen sorgen, sondern sie ist das Wesen des zur Mündigkeit, des zum Mitredenkönnen herangewachsenen, des auf den mundus, die Welt, bezogenen jeweiligen Menschen. Was alle angeht, kann nur von allen gelöst werden. In politische Sprache übersetzt, hat Schweitzer nicht mehr und nicht weniger als *fundamentale Demokratie* vor Augen. Eben wegen der Hochschätzung des Individuums kann der Mensch nicht nur Konsument oder Opfer sein; vielmehr ist jeder einzelne ein Teilhaber des Ganzen.

Diese radikalen «Gedanken des Friedens» sind nicht nur im Kopf entstanden, sondern – wie Schweitzer gern erwähnte – by doing. «Wer nicht arbeitet, soll auch nicht schreiben», so wandelte er ein Pauluswort zu einem seiner Merksätze ab. Jeden noch so weitgereisten Besucher beschäftigte er unverzüglich. Man stelle sich Lambarene vor: ein Schalomdorf für Menschen und Tiere, umgeben von einem «Garten Eden», in dem so viel Obst wachsen sollte, daß jeder sich nach Belieben bedienen kann und Diebstahl sich somit erübrigt. Lambarene, eine malerische Siedlung von Pfahlbauten, die sich hinter Palmen und Laubbäumen versteckt, war für Schweitzer eine Nußschale voll Frieden, ein Experiment, mit dem im kleinen und dort, wo die Not es gerade besonders erforderte, ausprobiert werden sollte, was überall auf der Erde geschehen muß. In der Nacht, wenn alles schon schlief, brannte im Zimmer des Doktors immer noch Licht. Er saß auf seinem Hocker ohne Lehne und schrieb und schrieb – entweder Buchmanuskripte oder die nicht zu zählenden Briefe an bekannt und unbekannt. Er spielte auf seinem Orgelklavier Bach, ließ sich aber unterbrechen von einem seiner Zimmergenossen, einem Affen oder einer Katze oder Bichette, der jungen Antilope, die vorzugsweise philosophische Papiere aß, wenn er nicht aufpaßte – ja, so war es tatsächlich. Aber die Schilderung wäre falsch, wenn sie sich sentimental anhörte.

Um Schweitzer einigermaßen zutreffend einzuschätzen, muß man achtgeben, seine überaus divergenten Züge richtig zu proportionieren. Er war ein Sanftmütiger mit Wutausbrüchen, ein Stoiker, der zu jähem Aufbrausen neigte, feinfühlig wie wenige, robust wie wenige, weichherzig und halsstarrig. Mit seiner angeborenen Kraftfülle war er das Gegenteil eines Gewaltmenschen. Robert Minder, sein Freund, weist auf die feminine Komponente seines Wesens hin und bestaunt dabei seine eiserne Energie, seine Planmäßigkeit, sein Durchhaltevermögen, seine Unbeirrbarkeit, ohne die er hundertmal im Leben hätte scheitern müssen. Denn die Existenz im Urwald Äquatorialafrikas, dies Paradigma einer «Bruderschaft der vom Schmerz Gezeichneten», war unvergleichbar hart, zermürbend, gesundheitsschädigend, voller Hindernisse und Strapazen, und die Harmonie, der Versuch, ein Stück Erde zu schaffen, auf dem Lamm und Löwe beisammen wohnen und Mensch und Natur Frieden machen, diese Vorwegnahme einer erwarteten Zukunft ist gegen unendliche Widerstände erkämpft und ertrotzt worden. Das Schalomdorf war ganz und gar von dieser Welt, kein Schrebergarten, sondern ein Laboratorium für besseres Leben.

Herbst 1962, Kubakrise, die Welt zittert, der Präsident der Vereinigten Staaten bekommt Post aus Lambarene. Dem Brief, den eine Mitarbeiterin in englischer Sprache mit der Maschine geschrieben hat, liegt eine deutsche Handschrift zugrunde, die in Günsbach zu sehen ist: zierlich, vom Schreibkrampf leicht behindert, ein paar Korrekturen dienen der Klarheit, der Eindeutigkeit. Die Anschrift lautet einfach: Herrn John F. Kennedy. Schweitzer fordert seinen Adressaten auf, den Waffengang zu vermeiden, antiquierte Über-Machtpolitik durch zeitgerechte Friedenspolitik zu ersetzen. Es können «Entscheidungen in völkerentzweienden Fragen nicht mehr Kriegen überlassen» werden. Wenige Worte genügen. Kennedy antwortet sofort. Der Briefwechsel geht weiter. Es kann nicht bezweifelt werden, daß Schweitzers Intervention den amerikanischen Präsidenten beeindruckt und jedenfalls bestärkt hat. Kennedy traut ihm – über alle Grenzen hinweg – einen beinahe geheimnisvollen, unwiderstehlichen Einfluß zu: «You are», bescheinigt er ihm, «one of the transcendent moral influences of our century.»

Während der dreizehn Tage der Kubakrise ließ Kennedy sich Tag und Nacht beraten, um zu einer angemessenen Einschätzung der explosiven Situation zu gelangen. Entgegen dem Tip der Militärs, die in der Mehrzahl rasche und drastische Maßnahmen vorschlugen, sah er vom Einsatz von Gewalt ab mit der bemerkenswerten Begründung: «Wir müssen Chruschtschow die Niederlage ersparen.» Er wollte dessen «Beweglichkeit nicht einschränken», «die Russen keinen Schritt weitertreiben, als es notwendig ist», sie «unbedingt vor der Demütigung bewahren», ihnen «das Vertrauen keinesfalls entziehen» etc. Kennedy lag an einer Bereinigung ohne Kapitulation, also auch ohne den Überlegenheitsbeweis der einen oder andern Seite, ohne das, was das Ziel einer jeden militärischen Operation ist: nämlich «Sieg». Durch eigene Schwächung wird dem Gegner eine Chance eingeräumt. Statt Abschreckung zu erhöhen, wird das Risiko geteilt. Gewalt eskaliert, und zwar mit tödlicher Sicherheit. Deswegen kann sie mit Gewalt nicht vertrieben werden. Die Zwangsläufigkeit, mit der Gewalt Gewalt hervorbringt und vermehrt, hat Kennedy mit seiner Entscheidung, von Gewalt abzusehen, für diesmal unterbrochen und entkräftet.

Für Schweitzer, der im übrigen die Außenpolitik des Weißen Hauses mit Unbehagen beobachtete, war dieser Vorgang deswegen ein Signal, weil alle militärischen Wahrscheinlichkeitsrechnungen durch die Einführung eines humanen Elements außer Geltung gesetzt worden sind. «Letzten Endes», so meinte er, «sind der Osten und der Westen jeder darauf angewiesen, die Vertrauenswürdigkeit des anderen einigermaßen vorauszusetzen.» Kennedy hat *Vertrauen* – ein Kernstück jeder Lehre vom Frieden – *nicht als psychologische Taktik* ins Spiel gebracht, sondern als *politische Qualität*. Dies Beispiel muß Schule machen. Als Kennedy ein Jahr später ermordet wurde, sah

Schweitzer Hoffnungen schwinden. Sein Tod «geht mir sehr nahe», schrieb er an seine Nichte Suzanne Oswald. «Wir standen in Beziehung zueinander. Den Brief, den ich ihm nach dem Moskauer Abkommen schickte, hat er in allen Zeitungen veröffentlicht. Er ist dahingerafft worden, weil er Mut zeigen wollte.»

Albert Schweitzer, der vielleicht universalste Gelehrte seiner Zeit, dessen wissenschaftliche Werke auf den verschiedensten Fachgebieten rasch zu Klassikern avancierten, hat sich immer durch Detailtreue ausgezeichnet. Aber die Genauigkeit hat seinen Blick nie verengt. Das gilt für sämtliche Bereiche, in denen er – forschend, lehrend, agierend – tätig war. Das umgreifende und integrierende Thema, dem er sich von Anfang an verschrieben hatte, war *das Leben*. «Ich bin Leben, das leben will, inmitten von Leben, das leben will.» Anhand von *Leben* unter- und entscheidet er, was «gut» ist und was «böse». «Gut ist: Leben erhalten, Leben fördern, entwicklungsfähiges Leben auf seinen höchsten Wert bringen. Böse ist: Leben vernichten, Leben beeinträchtigen, entwicklungsfähiges Leben hemmen.»

Einen Zwiespalt zwischen Denken und Handeln kannte Schweitzer nicht. Die «Ehrfurcht vor dem Leben», die er in seiner Kulturphilosophie in reich ausgefächerten Gedanken als die «ins Grenzenlose erweiterte Ethik der Liebe» dargelegt hat, war für ihn eine so selbstverständliche Realität, daß er, wenn er einen Pfahl in die Erde rammte, zunächst sorgfältig alles Getier aus dem Loch, das er gegraben hatte, entfernte. Las oder schrieb er in Sommernächten bei Lampenschein, so hielt er die Fenster geschlossen und atmete lieber die stickige Luft, als daß er Insekt um Insekt mit versengten Flügeln auf seinen Tisch fallen sah. Auch mit der Zimmermaus stand er auf Du und Du. War er gut gelaunt, sang er seinen beiden Wildschweinen Abendlieder vor. Nach seinem Tod verbrachten seine Tiere die Nächte auf seinem Grab. Schweitzer praktizierte Solidarität mit allem, was Odem hat. Als das größte und prägendste Erlebnis seit Kindertagen erwähnt er «die Art, wie das Gebot, daß wir nicht töten und nicht quälen sollen, an mir arbeitete ... Neben ihm verblassen alle anderen.» Es ist weder aufgepfropft noch beliebig, dies Gebot, sondern immanent und «denknotwendig». Ich lebe, das heißt: Ich liebe. Liebe ich nicht, lebe ich nicht.

Der Verlust an Ehrfurcht vor dem Leben, die Vergegenständlichung und Ausbeutung der Natur, dieser Rassismus des Menschen im Umgang mit der Schöpfung hat die Menschheit an ihre *Grenze* gebracht. Der Kollaps steht bevor. Der Wiedergewinn der Subjektivität, des Eigenwertes der Schöpfung und die Entwicklung der Fähigkeit zu schonlicher, ja zärtlicher Verantwortung dürfte ihre letzte *Chance* geworden sein. Bei dem Wort Frieden ist dies alles mitzudenken: alle Kreatur, der ganze Erdkreis, das Universum. Nach Schweitzer kann die «Zeit des Friedens in unserer

Welt» nur anbrechen, wenn «die Gesinnung der Ehrfurcht vor dem Leben zur Macht kommt»: «Alle diplomatische äußerliche Bemühung um den Frieden bleibt sonst erfolglos.»

Es ist die alte, in vielen Varianten bekannte Idee oder Vision von einem Friedensreich, deren säkulare Verwirklichung Schweitzer vor sich sah. «Man hat sie als eine Utopie angesehen», schrieb er. «Heute aber liegen die Dinge so, daß sie irgendwie zur Realität werden muß, wenn die Menschheit nicht untergehen soll.» Und was ist, wenn Sie die Menschen überfordern, überanstrengen, überschätzen? wurde er einmal gefragt. Seine Antwort hörte sich nicht erbaulich, eher grimmig an und ultimativ: Wenn wir sie weiterhin *unter*schätzen, dann – gnade uns Gott.

Erich Fromm

«Der Mensch ist noch nicht das, was er werden kann»

Die Biographen aber sollen sich plagen, ich will's ihnen nicht leichtmachen ... Sigmund Freud war erst achtundzwanzig Jahre alt, als er dies schrieb. Er zweifelte schon damals nicht daran, daß die Nachwelt sich für die Beschreibung seines Lebens interessieren werde. Zweimal hat er seine ganze Korrespondenz, alle persönlichen Aufzeichnungen, Tagebücher und Manuskripte verbrannt: «An mir sind ausschließlich meine Ideen wichtig.» Und Erich Fromm? Er gab – als handle es sich um Belangloses – nur sparsam Auskunft über Daten und Stationen seines Lebenswegs, meist anekdotisch. Doch geradezu leutselig konnte er werden, wenn er nach seiner «intellektuellen Biographie» gefragt wurde. Freud hat inzwischen seine Biographen gefunden. Aus liebendem Ungehorsam haben sie sich seinem Wunsch widersetzt, nicht in sein Privatleben einzubrechen. Ob es je die umfassende Fromm-Biographie geben wird, weiß ich nicht. Vielleicht, wahrscheinlich sogar, müssen wir uns begnügen mit dem bis jetzt bekannten curriculum vitae, das sich aus ein paar eigenen Mitteilungen und aus Erinnerungen von Freunden und Bekannten zusammensetzen läßt.

Wichtig ist zunächst der Hinweis auf Erich Fromms Herkunft aus einer deutsch-jüdischen Familie der Mittelklasse. Seine rabbinischen Ahnen haben eine strenge Orthodoxie vertreten. Der Geist dieser Tradition war für ihn – auch nachdem er längst ein Antizionist und ungläubiger Jude geworden war – «realer» als die ihn tatsächlich umgebende Welt des 20. Jahrhunderts. Fromm hatte einen Urgroßvater, der ein großer Talmudist war. Er war kein Rabbiner, sondern hatte im Bayerischen einen kleinen Laden und verdiente sehr wenig Geld. Natürlich hatte er viele Kinder, und seine Frau wußte manchmal nicht, wie Essen und Trinken auf den Tisch bringen. Da erhielt er ein Angebot, sich als Reisender ein paar Nebeneinnahmen zu verschaffen. Die Frau bat ihn, die Gelegenheit zu nutzen – schließlich brauchte er ja nur drei Tage im Monat unterwegs zu sein. Er erwiderte betrübt: «Du willst, daß ich so viele Stunden meines Lebens zu studieren versäume?» «Um Himmels willen, nein», sie zog ihr Ansinnen schleunigst zurück, und so konnte er weiterhin in seinem dunklen Laden den Talmud lesen, und wenn ein Kunde kam, fühlte er sich gestört und fragte zerstreut, ob denn kein anderes Geschäft in der Nähe sei. Diese Existenz war Fromm vertraut bis zu seinem letzten Tag. Er bezeichnete sich als einen vormodernen Menschen. Er ist – bei aller Weltläufigkeit – ein Fremder gewesen und geblieben in der bürgerlich-kapitalistischen Gesellschaft. Seine Kritik an ihr entsprang nicht zuletzt dieser Erfahrung.

Fromms Eltern hüteten das einzige Kind überängstlich, was er – wie er zugab – mit einer «netten Neurose» bezahlen mußte, deren «Schäden zu reparieren» ihn viele Jahre des Lebens gekostet hat. Der Knabe Fromm ließ sich faszinieren von den prophetischen Büchern des Alten Testaments mit ihren universellen Schalomvisionen und von den Psalmen, die nie aufgehört haben, wie «eine lebendige Quelle zu sprudeln», und denen er einige schöne Interpretationen gewidmet hat. Tief beunruhigt und mit Abscheu erfüllt war er vor und bei dem Ausbruch des Ersten Weltkriegs. Er stellte sich damals, als Vierzehnjähriger, die Frage, die sein Denken sein Leben lang wie ein Cantus firmus durchziehen sollte: Wie ist das möglich? Wie ist es möglich, daß für großenteils irrationale Ziele, für politische Vorstellungen, für die niemand, erkennte er sie klar, sein Leben opfern würde, Millionen von Menschen einander töten und vier Jahre grausamster Bestialität brauchen, bis sie, notgedrungen, Schluß machen? Was motiviert die Menschen zum Krieg: politisch, psychologisch?

Zur gleichen Zeit bewegte Fromm ein anderes Erlebnis, das seine Entwicklung beeinflußte. Eine schöne junge Frau, Künstlerin, Freundin der Familie, beging Selbstmord nach dem Tod ihres alten, unansehnlichen Vaters. Sie wollte – das war ihr letzter Wille – mit ihm begraben werden. Wieder die Frage: Wie ist das möglich? Wie konnte es geschehen, daß die Frau ihren Vater so liebte, daß sie die Gemeinschaft mit ihm im Tod der ihr so naheliegenden Freude am Leben vorzog? Diese Beobachtungen und Reflexionen brachten Fromm auf jene Spur, die sich später in der Psychoanalyse fortsetzte. Er fing an, die Vor-Wände zu durchschauen und sich nach den eigentlichen statt den angeblichen Beweggründen menschlichen Verhaltens zu erkundigen. *Die Erklärung der Dinge von der Wurzel her* – also Radikalität – war von früh an einer seiner kräftigsten Denkimpulse.

Fromm war ein überaus «engagierter Student». Er hörte in Heidelberg bei Max und Alfred Weber, bei Karl Jaspers und Heinrich Rickert. In Frankfurt, der Stadt, in der in den zwanziger Jahren die deutsch-jüdische Kultur kulminierte, wirkte Fromm mit an dem «Freien Jüdischen Lehrhaus», das (übrigens auf Betreiben Fromms) Franz Rosenzweig leitete. Was für Namen, mit denen er Kontakt hatte, begegnen uns hier: Georg Salzberger, Gershom Scholem, Ernst Simon, Nehemia Nobel, Siegfried Kracauer, Samuel Josef Agnon, auch Martin Buber! Fromm, obwohl längst von Marx angesteckt, war damals Mitglied der zionistischen Studentenorganisation «Kartell Jüdischer Verbindungen» (= K. I. V.), aus der viele Pioniere für Israel hervorgingen. Die studiosi des K. I. V. hatten die Angewohnheit, während der Vorlesungen pausenlos Zettel mit bissigen Aphorismen in Umlauf zu schicken – etwa diesen: «Ernst Simon ist ein großer Redner, aber ein kleiner Mensch.» (Wer ihn kennt, findet allerdings eher das Gegenteil.) Fromm, von dem man wußte, daß er fünf Jahre lang täglich zum Talmudunterricht ging und davon träumte, selber Talmud-Lehrer zu werden, schnitt besser ab als Simon. Er galt – wie ein Gebet, das kursierte, belegt –

als emsig und eifrig: «Mach mich wie den Erich Fromm, daß ich in den Himmel komm.»

Fromm verehrte einen Großonkel, der als Talmudist einen Namen hatte: Dajan Ludwig Krause. Von ihm wollte er gern hören, was er glaube, daß aus ihm werde. Statt der erbaulichen Antwort, auf die Fromm gehofft hatte, kam nach einiger Bedenkzeit die Prognose: «Ein alter Jude!» Das war eine sehr jüdische Methode der Austreibung von Ehrgeiz und Hoffart, die Fromm zwar amüsiert, aber zugleich beeindruckt und zeitlebens geprägt hat.

Zum Bruch mit dem rituellen Judentum kam es erst 1926 – manifestiert durch den Beschluß, in München an einem Straßenstand einer wohlriechenden Schweinswurst keinen weiteren Widerstand zu leisten, sondern sie sich kurzerhand zu kaufen und einzuverleiben. Vorangegangen war die für ihn ganz wesentliche Bekanntschaft mit dem Buddhismus, die sich als gravierende Wende in seinem Leben auswirkte: Sie ermöglichte ihm eine «Einstellung, die man religiös nennen kann, sofern dies keinen Glauben an Gott beinhaltet». Fromm wurde *Non-Theist*, ohne je *Atheist* geworden zu sein. Das war für ihn nicht weniger als ein Akt der Mündigwerdung. Ohne sein Judentum (wie viele andere) zu verleugnen, emanzipierte er sich von oder besser: in ihm. Der Augenblick war gekommen, eigene, eigenwillige Wege zu gehen.

In dem Jahrzehnt von 1920 bis 1930 lebte und arbeitete Fromm mit ungewöhnlicher Intensität.

Alles, was Rang hatte auf dem Gebiet der sich etablierenden Psychoanalyse, ließ er auf sich wirken: Karl Landauer, Hanns Sachs, Theodor Reik, Leo Löwenthal, Frieda Reichmann, Fromms erste, um zehn Jahre ältere Frau, die – das überliefert Scholem – bei orthodoxen Juden in dem Verdacht stand, nicht Therapie, sondern Thorapie zu betreiben. Sie wollte Thora und Freud miteinander verbinden – mit dem unglücklichen Ergebnis, daß jeder (inklusive Erich Fromm, ihr «prominentester Analysand»), der sie als Jude aufsuchte, sie als Nichtjude verließ. 1928 wurde Fromm Lehrer und Mitglied des Instituts für Sozialforschung an der Frankfurter Universität, dem Max Horkheimer vorstand. Gemeinsam mit Herbert Marcuse, Theodor Wiesengrund Adorno, Walter Benjamin und anderen jungen Gelehrten hat Fromm, für das Fach Psychoanalyse zuständig, zum Entwurf einer Gesamtkonzeption der Gesellschaft beigetragen, die dann als Kritische Theorie der Frankfurter Schule Weltruf erlangte. Doch je deutlicher der Charakter der «Schule» zum Vorschein kam, um so distanzierter verhielt sich Erich Fromm. Er hat weder jemals einer Schule angehört noch eine Schule hinterlassen. Er war stolz darauf, keine Schüler zu haben. Er war – und davon muß noch die Rede sein – ein Einzelgänger, ja ein Dissident.

Waren's zunächst Psalmen, Propheten und Talmud, die ihn anregten, so bekamen diese Texte während des Studiums eine merkwürdige Gesellschaft: Marx, Bachofen, Freud, Buddha. Sie wurden die Paten seines Werdegangs. So befremdlich die Zusammenstellung dieser Namen auf den ersten Blick erscheinen mag: in Fromms Denken und Leben sind sie unter einem Dach. Was wie Synkretismus aussieht, vereinigt er zu einer schöpferischen Synthese. Wenn Fromm von sich bekennt, er sei von Marx, Bachofen, Freud, Buddha ausgegangen, so bedeutet das allerdings zugleich, daß er von ihnen weg-, daß er über sie hinausgegangen ist. Er ließ sich von ihnen inspirieren, ohne sich mit ihnen zu identifizieren. Er hat gegenüber seinen «Meistern» eine souveräne Haltung der *Anhänglichkeit ohne Abhängigkeit* eingenommen. Seine Kenntnisse von deren Werk waren stupend. Er hat sich nicht oberflächlich mit ihnen befaßt und dann leichtfertig von ihnen gelöst, sondern sie durch Infragestellung geehrt und in die weiterlaufende Diskussion einbegriffen. Will man der Vergangenheit das Unvergangene abgewinnen, muß man ihr das Vergangene anheimgeben. Gerade im Umgang mit «Meistern» ist die «Kunst des Zweifelns» angezeigt. Fromm zeigte ein kolossales Desinteresse an Dogmen, überhaupt an Endgültigkeiten.

Er hat es Freunden wie Feinden nicht gegönnt, sich ein «Bildnis», durch das er denunzierbar geworden wäre, von ihm zu machen. Er hat sich in kein Schubfach gefügt. Es war das Unfertige an ihm, das Verfechter und Verächter daran hinderte, mit ihm fertig zu werden. Das Fertige ist das Tote. Alles Leben ist instabil. Es besteht darin, dauernd geboren zu werden. Das Ziel des Lebens ist es, so

Fromm, ganz geboren zu werden, und seine Tragödie, daß die meisten sterben, ehe sie zu leben anfingen. Hört die Geburt auf, tritt der Tod ein. Ja, wer so dachte, der mußte der *Originalität gegenüber der Orthodoxie* den Vorrang geben. Fromm hatte etwas Entstaubendes, Erfrischendes an sich. Wenn ihn etwas zu langweilen begann – und sei es das Gespräch mit einem Patienten in der Analyse –, wurde er mißtrauisch und setzte ganz neu an. Geist und Wind – das ist eben *ein* Wort im Hebräischen.

Natürlich mußte sein unkonventioneller Verkehr mit Marx und mit Freud allerlei Überraschungen und Mißverständnisse im Geleit haben. Fromm, den die ökonomischen Theorien erst an zweiter Stelle oder richtiger: nur wegen ihrer anthropologischen Konklusionen reizten, erkannte – anders als viele fixierte Marxisten – in der humanistischen Philosophie vor allem des jungen Karl Marx die säkulare Form der alten Idee von der Selbstwerdung des Menschen. Man kann das ganz einfach, chassidisch ausdrücken: «Vor seinem Ende sprach Rabbi Sussja: In der kommenden Welt wird man mich nicht fragen: Warum bist du nicht wie Mose gewesen? Man wird mich fragen: Warum bist du nicht Sussja gewesen.» Das ist Judentum. Das ist Marx, das ist Freud, das ist auch Fromm. Und das ist nicht Christentum, das dazu neigt, den Menschen eine problematische Selbst-Losigkeit, Selbst-Verachtung, Selbst-Preisgabe abzuverlangen. Diesen fast unbekannten Marx, der um des *Seins* willen zum Kritiker der Erscheinungsformen des *Habenmodus* geworden ist, hat Fromm zur Geltung bringen wollen. Er hat sich ein Vergnügen daraus gemacht, in einem Kreis gebildeter katholischer Theologen einige Abschnitte aus Manuskripten von Marx aus der frühen Zeit vorzulesen, ohne den Verfasser zu verraten. Man tippte auf Meister Eckhart oder Thomas Aquino. Das gleiche Spiel trieb er mit seinem Freund Suzuki, einem bekannten Repräsentanten des Zen-Buddhismus – der war überzeugt, daß es sich um Zen-Texte handelte. Fromm wollte noch ein Buch schreiben, in dem er Eckhart und Marx hätte vergleichen wollen. In den meisten seiner späteren Arbeiten findet sich ein Vorgeschmack auf dieses Projekt.

Mehr als die Marxisten, bei denen er Freunde behielt, hat Fromm die Freudianer irritiert. Seine Entwicklung verlief von Anbeginn außerhalb der dominierenden Richtungen – ähnlich wie die von Karen Horney, mit der er eng und gern zusammenarbeitete, bis auch hier Konflikte sich einstellten. Mit seinem Versuch, die Psychoanalyse in das zeitgenössische soziale Denken zu integrieren, das heißt Freud nicht ohne Marx, aber Marx auch nicht ohne Freud zu vergegenwärtigen, hat er sich allerlei Ablehnung und in Amerika sogar heftige Feindseligkeit zugezogen. In dem Maße, in dem er sich in Fachkreisen isolierte, erhielt er Gehör bei einem uneingrenzbaren Publikum von Unvoreingenommenen.

Ich erinnere mich an eine famose und Fromm kennzeichnende Rede, die er im Rahmen eines zu seinem 75. Geburtstag veranstalteten Symposions in Locarno gehalten hat. Der Saal war überfüllt mit Teilnehmern aus aller Herren Länder und jeglichen Alters. Fromm kündigte einen Vortrag von einer Stunde an, bat jedoch um Zeichen, falls man zuvor ermüde. Nach beinahe zweieinhalb Stunden waren wir alle immer noch so munter wie er selber. Er sprach, auf dem Podium auf- und abgehend, mit dem Gestus überlegener philosophischer Geselligkeit, nur gelegentlich zurückkehrend zu seiner Skizze mit Stichworten. Diese Skizze schenkte er mir hernach. Sie war der Kern, die äußerste Verdichtung der zwar weit ausholenden, doch niemals abschweifenden Entfaltung seiner Einschätzung dessen, was Psychoanalyse war, ist und werden sollte. Fromm hat in diesem Vortrag «die sozialbedingte Fehlerhaftigkeit jeder Theorie» nicht nur begründet, sondern begrüßt und anhand von Freud veranschaulicht, daß zur Auslegung der von ihm eingeführten Wissenschaft vom Unbewußten dreierlei gehören muß: zuerst der gewissenhafte *Nachvollzug* der Entdekkung, sodann die unbeirrte *Einschränkung* durch Einordnung in die zeitabhängigen Denk- und Ausdrucksweisen und endlich die kreative *Erweiterung* in die heutigen Erkenntnishorizonte. Mit dieser Rede (sie war übrigens das Angeld auf das Buch «Sigmund Freuds Psychoanalyse – Größe und Grenzen», das ich für eine der schwungvollsten und dichtesten Arbeiten seiner letzten Jahre halte) hat Fromm Sigmund Freud *aktualisiert*, indem er ihn *relativiert* hat. Sie gipfelte in der Forderung, nein der Heraus-Forderung: «Psychoanalyse muß wieder kritische Theorie werden!» Das sollte besagen: Sie hat eine transtherapeutische Funktion. Sie gibt sich auf, wenn sie sich einengt zu einer Methode der «Beseitigung von Symptomen», der Befreiung von Beschwerden. Was sie vor Augen haben müßte, ist nicht der reibungslos funktionierende, sondern der zu sich selbst findende, nicht der erfolgreichere, sondern der freiere, nicht der anpassungsfähige, sondern der mündige Mensch. So praktiziert, wird sich Psychoanalyse als ebenso notwendig wie unpopulär erweisen; denn sie ist ausgerichtet auf eine am *Menschen* statt an maximaler Produktion und Konsumption orientierte Gesellschaft. Fromm suchte Auswege aus einem System, in dem «eine gesunde Wirtschaft nur um den Preis kranker Menschen möglich ist», und er wünschte sich von der Psychoanalyse einen kleinen, aber unentbehrlichen Beitrag zu einer gesellschaftlichen Entwicklung, in deren Verlauf die Frage, *was der Mensch braucht*, die andere, die übliche Frage, was er *ge*braucht und was er *ver*braucht, in den Schatten stellt. Was Sigmund Freud im Sinn hatte, «war ein Modell des Menschen, das in vielerlei Weise mit dem der großen *Philosophen der Aufklärung* übereinstimmt». Und diesen Strang der Geschichte hat auch Erich Fromm einfallsreich in unsere Zeit hinein verlängert: ein Anwalt des homo humanus.

Zum erstenmal sah ich ihn im Jahre 1969. Er war gerade im Begriff, sich in der Schweiz niederzulassen. Wir trafen uns, wie später oft, im «Storchen» in Zürich. Er hatte überall seine bestimmten Hotels. Unvorstellbar, daß er sich die Rolle des Gastgebers hätte nehmen lassen. Wir unterhielten uns über eine Vortragsreihe («Überfluß und Überdruß»), die er am nächsten Tag im dortigen Funkhaus für uns auf Band sprechen sollte. Mit seinem sehr wachen, sehr aufmerksamen Ausdruck saß er mir gegenüber, keineswegs gestört durch die turbulente Umgebung, und legte mir sein Konzept dar. Als er fertig war, dachte ich: Das wär's. Aber nein: Nun war ich an der Reihe. Er bat um Einwände und vor allem um Informationen über die mutmaßlichen Zuhörer. Mit neugieriger Insistenz und mit Fragen, die erstaunlich genaue Kenntnisse von der inneren und äußeren Beschaffenheit der Deutschen verrieten, wollte er sich den Rezipienten annähern. Aufs Maul sehen, ohne nach dem Munde zu reden, war seine Devise. Er war sorgfältig vorbereitet. Er hatte einen beängstigend voluminösen Stapel mit Notizen und Entwürfen bei sich, die er während unserer Plauderei beständig ergänzte. Am nächsten Morgen jedoch erschien er ohne Ballast. Ich fragte nach seiner Aktentasche; er schüttelte belustigt den Kopf. Wir fuhren zum Funk. Er nahm ohne Umstände vor dem Mikrophon Platz, redete frei, sechsmal präzis 29 Minuten. Seine einzige Bedingung war meine Anwesenheit. Er brauchte ein Visavis, einen ansprechbaren Stellvertreter des anonymen Auditoriums. Das Glück der freien und doch konzentrierten Rede im Radio wird unsereinem selten zuteil. Bei Eugen Rosenstock-Huessy habe ich es noch erlebt. Auch er war allerdings auf ein Gegenüber angewiesen und schleppte deshalb eines Tages einen gleichermaßen leibhaftigen wie unschuldigen Taxifahrer mit ins Studio, dessen Taxometer draußen volle zwei Stunden weiterlief. Wer Rosenstock gekannt hat, wird sich wenig wundern zu erfahren, daß er die Begleichung der üppigen Droschkenrechnung mir überließ: Ohne Papier zu reden, sei ihm zwar zuzumuten, nicht dagegen ohne Publikum.

Nun, während Erich Fromm sein Thema abhandelte und mich mitnahm auf seine ausgiebigen sokratischen Gedankenspaziergänge, spürte ich, daß sich jenseits der Glasscheibe in der Regie einiges abspielte. Obwohl Fromm damals bei uns ein Unbekannter war, hatte es sich im Zürcher Funkhaus herumgesprochen, daß es hier etwas zu hören gab. Mitarbeiter aus allen Bereichen – Techniker, Sekretärinnen, der Hauswart und sogar dickhäutige Kollegen aus den Redaktionsstuben, Alleswisser – fanden sich ein, standen beengt beieinander und spitzten die Ohren. Ich traue dem Radio nur eine geringe dialogische Potenz zu; man darf es nicht überschätzen und nicht überanstrengen, sondern muß einen Stil indirekter Rede ausfindig machen, der ihm entspricht. Aber Fromm hat die Ausnahme von der Regel statuiert. Er ist der Einschüchterung durch die Instrumente mit einer verblüffenden Mühelosigkeit entgangen und hat die vom Medium gesetzten Hindernisse einfach umspielt. Wie kam das?

Fromm *dachte* diskursiv. Er hat den Partner nicht konstruiert, sondern ihn und seine Widerrede von vornherein Bestandteil seines Denkens sein lassen. Er konnte lauschen, während er sprach. Er war ein so guter Redner, weil er ein so guter Zuhörer war. Ja, und in diesem Moment im Funkhaus in Zürich wurde mir klar, daß die Bücher Erich Fromms – in Amerika seit vier Jahrzehnten auf den Bestseller-Listen – auch bei uns ihr Versteck bald verlassen und einen durchaus ungewöhnlichen Exodus in die Öffentlichkeit antreten würden. Etwa ein Dutzend seiner Schriften lag ja seit der Mitte der sechziger Jahre bereits vor: in verstreuten Verlagen und in teilweise stümperhafter Übersetzung. Aber Fromm mußte, glaube ich, selber kommen, um ihren Dornröschenschlaf zu beenden. Das ist eigenartig, doch vielleicht erklärlich: Hier waren Schriftsteller und Mensch ein und dieselbe Person. Der eine interpretierte den andern. Seine schriftliche Sprache war der Natur der gesprochenen ganz nah. Seine Stimme war der Leib seiner Sprache. Wer ihn gekannt hat, hört ihn, wenn er ihn liest. Fromm ist in einer Tradition fundamentaler Mündlichkeit, eben der jüdischen, aufgewachsen.

Seine Bücher sind gewissermaßen Protokolle seiner Teilnahme am Zeitgespräch der Gesellschaft. Deswegen sind seine sämtlichen Arbeiten unermüdliche Variationen *eines* Themas: voll von Repliken und Wiederholungen, von Vertiefungen und Zuspitzungen, von immer neuen Anläufen und Werbungen um Verständnis. Bei wenigen wissenschaftlichen Autoren ist so viel Redundanz anzutreffen wie bei Fromm. Redundanz ist Überfluß in des Wortes bester Bedeutung, gleich dem Reichtum des Landes, in dem Milch und Honig fließen. Mangel an Überfluß wäre für Fromm Dürftigkeit gewesen. Ich staune immer neu, mit welcher Hülle und Fülle einem aus seinen Schriften Anstöße, Aufmunterungen, Durchblicke, Deutungen entgegenfluten, lauter Evidenzen, Schuppen fallen von den Augen.

Er, der Liebhaber des Chassidismus, erzählte gern – als Antwort auf Fragen oder zur Lösung gedanklicher Knoten – Geschichten. So die von einem Mann, der einen weiten Weg zurücklegte, um zu einem chassidischen Meister zu gelangen, und der auf die Erkundigung, ob er sich der Mühe unterzogen habe, um des Lehrers Lehren kennenzulernen, erwiderte: «O nein, ich wollte nur sehen, wie er sich die Schuhbänder zubindet.» An diese kleine Geschichte, die besagen will, daß eine Geste zuweilen mehr ausdrückt als eine Lehrveranstaltung, und der außerdem zu entnehmen ist, daß die fulminanteste Klugheit zu nichts nütze ist, wenn der, der sie äußert, nicht der richtige Mann ist – an diese Geschichte nun habe ich mich jedesmal erinnert, wenn ich Erich Fromm besuchte. Man ging anders von ihm weg, als man zu ihm gekommen war: etwas animierter, mit etwas klarerem Kopf, etwas respektloser gegenüber den Zwängen, die einen bedrücken und fatalistisch stimmen. Es war eben nicht nur Gelehrsamkeit, die seine Anziehungskraft ausmachte, sondern die Durchdringung von Lehre mit Leben und von Leben mit Lehre. Das Talent, dem Herzen beim Denken Mitspracherecht einzuräumen, hat man früher mit dem Namen «Weisheit» bedacht. Am späten Abend des 5. Januar 1974 hat der Süddeutsche Rundfunk ein autobiographisches Gespräch mit Erich Fromm ausgestrahlt; in aller Ruhe, über zwei Stunden hin, hat er manches von sich mitgeteilt, was ohne diese Aufnahme gar nicht dokumentiert wäre. Eine Schauspielerin, die in dieser Zeit in der Stuttgarter Aufführung von Lessings Nathan mitwirkte, hörte die Sendung und rief uns nachts noch an, um diesen Kommentar loszuwerden: Von Nathan zu Nathan. Fromm war kein Magier, Fromm war kein Magister, er war ein Nathan.

Warum haben sich seine Bücher nicht ohne ihn und warum so langsam durchgesetzt? Die von Fromm und anderen 1931 durchgeführte Untersuchung über den autoritären Charakter von Arbeitern und Angestellten, aus deren Ergebnissen beunruhigende Schlüsse für die politische Entwicklung herzuleiten gewesen wären, wurde vornehmlich aus taktischen Rücksichten nicht veröffentlicht, da der Direktor des Instituts für Sozialforschung, Max Horkheimer, nachteilige Folgen fürchtete. Nun gut. Aber warum war Fromm 1968, als einige seiner ehemaligen Kollegen der Frankfurter Avantgarde zu Wortführern einer hoffnungsvollen Bewegung wurden, literarisch nicht zugegen? Vielleicht, so wage ich jedenfalls zu fragen, wäre uns der Kollaps jener Hoffnungen erspart geblieben, wenn auch Geister wie Fromm an der Diskussion hätten partizipieren können. Ivo Frenzel hat unterstellt, daß der Umstand, daß der Kreis um Horkheimer sich auseinandergelebt hatte, späte Nachwirkungen gezeitigt habe: Fromm wurde, schreibt er, «ein Beispiel dafür, in welchem Maße Verlagspolitik die Rezeptionsgeschichte beeinflussen kann. Während die klassischen Vertreter der Frankfurter Schule seit Jahren ihre deutsche Verlagsheimat bei Suhrkamp haben, fand Fromm nicht den festen Verleger, der ihn kontinuierlich gepflegt hätte ...» Nun, diese Erklärung sei dahingestellt – sie unterschätzt zumindest den geschäftlichen Spürsinn des erwähnten Verlagshauses. Außerdem sind mittlerweile Verlag, Herausgeber und Übersetzer da, die sich Fromms mustergültig angenommen haben. Es bleibt die Feststellung, daß Erich Fromms Stimme gefehlt hat, als es an den deutschen Schulen und Hochschulen zu knistern anfing. Vielleicht wäre die Ruhe, hätten wir auf sie gehört, nicht so rasch wieder eingekehrt.

Fromm saß in Locarno und beobachtete die Szene mit nervöser Spannung. Er war kein Rattenfänger. Er hatte keinerlei demagogische Begabung. Also schrieb er einen Aufsatz, eine Streitschrift gegen Herbert Marcuse, mit dem schärfsten grünen und schwarzen Pfeffer gewürzt, der je in Mexico (wo er jahrelang gewohnt hat) aufzutreiben gewesen wäre. Die große Weigerung sei in letzter Konsequenz «die Weigerung, erwachsen zu werden, sich völlig von Mutter und Heimat zu lösen». Marcuses «revolutionäre Rhetorik» verdunkele «den antirevolutionären Kern seiner Position». Fromm wies ihm nach, Freud so weit entstellt zu haben, daß ihm sogar verfälschende Zitate unterlaufen sind. Diese Attacke (übrigens 1970 denn doch bei Suhrkamp erschienen) kam zu spät; es wurde nicht Notiz von ihr genommen; zu viele Mitläufer einer Revolte hatten sich eingestellt, die das Argument verachteten, weil sie heimlich ihren Mißerfolg selber programmiert hatten und der Erfolg sie enttäuscht oder zumindest ernüchtert hätte.

Fromm, das soll nicht unterschlagen werden, setzte Hoffnungen auf die Neue Linke. Der Elan, mit dem sie – Impulse aus den USA aufnehmend – begann, der Ansturm der deutschen Studenten gegen das, was sie das Establishment nannten, hat ihm gefallen. Gewiß, da gab es Irrtümer, Fehlgriffe, Exzesse, kaum vermeidbar im explosiven Erlebnis neuer politischer Möglichkeiten; aber es gab auch Wirkung, nicht die große, die Welt plötzlich umgestaltende, welche die jungen Intellektuellen erwartet hatten; doch die Unruhe, die sie brachten, hat zu Umorientierungen und Reformen, wenn auch unzulänglichen, den Anstoß gegeben und latente Probleme aufgedeckt, von denen man zuvor nur in Zirkeln oder gar nicht sprach. Das alles sah und hörte Fromm gern. Aber seine Zustimmung war nicht ungeteilt. Das Ideal vom «neuen Menschen», wie es hier und da vertreten wurde, schien ihm nicht selten eine unreife Spezies zu sein, die die Welt mit einem antiautoritären Kindergarten verwechselt. Unser «Zeitalter des ewigen Säuglings» ist ja nicht allein zu erkennen an dem unkritischen und nimmersatten homo consumens, dem passiven Nutznießer eines Warenhausparadieses, sondern genauso an den Komparsen einer Revolutionsoper, in der mit einem *Sprung*, ohne Schritte, die Gegenwart verlassen und eine von ihnen diktierte Zukunft gespielt wird.

Fromm stand zu aktuellen Ereignissen zwar oft quer, aber niemals abseits. Er hat sich als «extrem politisch interessierten Menschen» bezeichnet. Bücher wie «Über den Ungehorsam» oder «Es geht um den Menschen – Tatsachen und Illusionen in der Außenpolitik» belegen es. Fromm war einige Jahre aktives Mitglied der amerikanischen sozialistischen Partei, bis sie sich «so weit nach rechts entwickelt hat, daß es auch mit dem größten Optimismus nicht mehr möglich war», ihr anzugehören. Das herkömmliche System politischer Meinungs- und Willensbildung erscheint erschöpft. Mangel an Courage, an Einfällen und an Veränderungswillen wird als Realitätsangemessenheit ausgegeben. Dabei ist Wirklichkeit viel mehr als die Summe des Tatsächlichen; sie ist immer auch das, was unentdeckt in ihr schlummert; sie wird hervorgerufen durch Überholung und Überforderung dessen, was schon ist. An Vorschlägen, wie eine Gesellschaft von morgen auszusehen hätte, hat Fromm es nie fehlen lassen – man lese nur seine «Revolution der Hoffnung». Dennoch sei es «nicht primär die Funktion des Intellektuellen, politische Programme zu entwerfen». Sondern seine Sache ist es, «in erster Linie, in zweiter Linie und in dritter Linie, die Wahrheit zu suchen, so gut er's kann». Kompromißlose Wahrheitssuche ist nur denkbar «ohne Rücksicht auf eigene oder andere Interessen». Und wenn die Intellektuellen im Dienste von Parteiinteressen, und mögen sie noch so zwingend und imponierend sein, «ihre Funktion einschränken, die volle Wahrheit zu suchen und zu sagen, dann versündigen sie sich an ihrer eigensten Aufgabe und am Ende sogar an der wichtigsten *politischen* Funktion, die sie haben; denn ich glaube allerdings, daß der politische Fortschritt davon abhängt, wieviel wir von der Wahrheit wissen, wie klar und kühn wir sie sagen und wieviel davon die Menschen beeindruckt». Diese Sätze, die den Schluß des vorhin angeführten Radiogesprächs bilden, hat Fromm nicht ohne Pathos gesprochen. Er wußte, wovon er sprach. Er war ununterbrochen politisch tätig, er hat die einflußreichste Friedensbewegung mitbegründet, er hat sich an Kampagnen gegen Unrecht und Unterdrückung beteiligt, er hat sich für die Freilassung des in der DDR zu dreizehn Jahren Zuchthaus verurteilten Gewerkschafters Heinz Brandt, mit dem er verwandt war, beharrlich eingesetzt; er hat – ich war zufällig dabei – mit Heinrich Böll, Ernst Bloch und einigen anderen auf ganz kluge Weise an Tito appelliert, den Mitarbeitern der jugoslawischen Praxisgruppe freie Rede und freien Lauf zu gewähren, und so fort. Fromm hat die Präsidentschaftskandidatur von Senator Eugene McCarthy unterstützt und eine Programmschrift für ihn formuliert, weil er es bemerkenswert fand, daß ein Mann, «der das Gegenteil eines typischen Politikers ist», ein Freund der Poesie und der Philosophie gar noch, ernsthaft für eine Vielzahl von Wählern als Bewerber in Betracht kam. Das ist doch ein Hinweis auf Möglichkeiten einer politischen Klimaveränderung!

Entscheidend bei alledem ist jedoch, daß Fromm sich nicht im Detail verloren hat. Es ging ihm nicht um dies oder das, es ging ihm um *das Leben*. Das Leben selber, nicht nur der eine oder andere Teilbereich unserer Existenz, ist in eine Krise geraten. Des Menschen kreatorische Kapazität scheint abzunehmen. Er baut und baut an einer Welt, die ihn umbringt. Er scheint nicht zu wissen oder nicht wissen zu wollen, was ihm guttut. Der Feind des Menschen ist der Mensch. Die Folgen seiner Erfindungen fallen als Lebensbedrohung auf ihn zurück. Er produziert Überfluß und verarmt zugleich an den elementaren Dingen. Während er rational plant, kann er im selben Atemzug irrational zerstören. Mit überentwickelten Instrumenten steht er durchaus unterentwikkelt da. Eine Barbarisierung, eine Primitivisierung stellen wir allenthalben fest: inmitten von Komfort. Der Mensch wird mit allem, nur nicht mit sich fertig. Je weniger er *ist*, um so mehr will er *haben*. Er muß kompensieren, daß er sich verausgabt hat.

Aus diesem Zustand ergibt sich eine lebensgefährliche, eine selbstmörderische Tendenz, die wir rundherum feststellen, die Fromm unbeschönigt beschrieben hat und die so alarmierend ist, daß die Frage, wie wir Widerstand gegen sie, wie wir Gegenkräfte auf den Plan bringen können, über unsere Zukunft entscheidet. Der Mensch braucht *Lebenschancen*, nicht bloß *Überlebens*chancen. Denn seine einzige *Überlebens*chance ist es, *zu leben*, *richtig zu leben*. Richtig leben heißt nicht mehr: ein Gebot erfüllen, ein ethisches oder ein religiöses. Zum erstenmal in der Geschichte – und das ist einer dieser markanten Sätze Erich Fromms – «hängt das physische Überleben der Menschheit von der radikalen Veränderung des Herzens ab». Er war sich bewußt, daß diese Veränderung des Herzens nur in dem Maße möglich ist, in dem drastische ökonomische und soziale

Veränderungen eintreten, die den einzelnen ermutigen und die seine Vorstellungskraft wecken und die ihn vergewissern, daß er sich in einem Ensemble befindet. Mit der äußeren muß eine innere und mit der inneren eine äußere Revolution Hand in Hand gehen. Die Veränderung der Verhältnisse bedingt die Veränderung der Menschen. In einer Situation, in der man den Frieden Institutionen oder wissenschaftlichen Erkenntnissen, Organisationen oder Verhandlungen überlassen möchte, weist Fromm auf die *maximale Bedeutung des Individuums* für den Bestand der Menschheit hin.

Fromm, obwohl skeptisch veranlagt, vertrat die Position «eines rationalen Glaubens an die Fähigkeit des Menschen, sich aus dem scheinbar verhängnisvollen Netz, das er selber geschaffen hat, zu befreien. Es ist die Position jener, die weder ‹Optimisten› noch ‹Pessimisten›, sondern *Radikale* sind» und die unbestechliche Intellektualität verbinden mit der schönsten und kostbarsten Eigenschaft, die der Mensch entwickeln kann: «mit seiner Liebe zum Leben», der *Biophilie – das* ist Fromms Kennwort, und Nekrophilie ist nur ein Gegen-, nicht ein Hauptbegriff seines Denkens. Dieselben Personen, die die «Grenzen des Wachstums» auf *ökonomischem* Gebiet bestreiten oder gar nicht weit genug fassen können, pflegen auf den Grenzen des Wachstums der *Menschen* selbstsicher, ja ängstlich zu bestehen. Sie haben Fromm nicht auf ihrer Seite. Für ihn ist Leben Prozeß und

Progreß, nicht bloß Gewordenes und Bekanntes, sondern vor allem Noch-nicht-Erwiesenes, Noch-nicht-Erforschtes, Noch-nicht-Versuchtes. Sein ist Werden, entwicklungs*bedürftig* und entwicklungs*fähig*. Stillstand ist Täuschung. Wenn der Mensch nicht wächst, verfällt er. Wird sein Hoffnungspotential nicht gefördert, wird es gefährdet: er degeneriert. Die statische Frage, wer der Mensch ist, gilt es umzuwenden in die dynamische Erwartung: Wer könnte, sollte, müßte er sein? Beschränkt man sich auf das, was man vom Menschen weiß oder zu wissen vorgibt, so verpaßt man gerade das Spannende, das Lebendige an ihm. Man verdammt ihn zum Gewesenen, zum Verwesenden.

Fromm definiert den Menschen durch seine Fähigkeit, «etwas versprechen zu können». Wir müssen es also – wollen wir den Menschen kennenlernen – auf Zusagen, auf ungeahnte, auf ungeprüfte, auf alle Erfahrungen überspringende Möglichkeiten ankommen lassen. Das ist im kleinen Umkreis nicht anders: Ich lerne einen Menschen nur kennen, indem ich ihn liebe, das heißt ihm die Chance gebe, mehr aus sich zu machen. Bei uns hört die Liebe oft auf, wenn man jemand kennenlernt – im Hebräischen ist es anders: Erkennen ist lieben und lieben ist erkennen. Ohnedies weiß niemand, wer der Mensch sei; wir wissen nur, was der Mensch aus dem Menschen gemacht hat. Die Zeit ist gekommen, die Fixierungen zu lockern und Bedingungen dafür zu schaffen, daß der Mensch, dieses unvollendete Wesen, seine Vorratskammern für das Menschsein aufschließt und sich zugute kommen läßt. «An jedem Punkte seines Lebens ist der Mensch noch nicht das, was er werden kann und was er möglicherweise werden wird.» Nachdem der Schöpfer sein Werk beendet hatte, sah er an alles, was er hervorgebracht hatte, und siehe, es war sehr gut. Nur beim Menschen verzichtete er auf diese Note eins. Fand er ihn nicht so gut? Die Chassidim wissen eine bessere Antwort: Der Mensch war als offenes System gedacht, nicht schon fertig, auf Hoffnung konzipiert. Deswegen enthielt Gott sich des Urteils, des Vor-Urteils.

Dem Humanismus Erich Fromms wird mit stupider Wiederholung das Diktum von der Unverbesserlichkeit des Menschen entgegengehalten. Diesem Diktum entspricht das Dogma von der Unentbehrlichkeit der Herrschaft. Ich möchte dies Dogma und Diktum einmal auf den Kopf stellen und die These riskieren, *daß die Unentbehrlichkeit der Herrschaft nicht wegen der Unverbesserlichkeit des Menschen, sondern daß die Unverbesserlichkeit des Menschen für die Unentbehrlichkeit der Herrschaft erfunden und behauptet wurde*. Mit diesem umgekehrten Vorzeichen könnte, so scheint mir, manches anders, neu werden.

Kein «Bildnis» machen – das war mein Vorsatz. Aber wenn Fromm schon nicht einzuordnen ist, so bleibt einem Buchliebhaber, dem Chaos auf seinen Regalen unerträglich ist, doch die Entscheidung nicht erspart, sich um eine einigermaßen probate Nachbarschaft zu kümmern. Neben wem also steht Erich Fromm in meiner Bibliothek? Neben Horkheimer, Adorno, Marcuse? In den Nachrufen wurde wieder und wieder der Zusammenhang mit ihnen in Erinnerung gebracht. Das ist ja auch nicht falsch. Immerhin hat es hier gemeinsame Ausgangspunkte gegeben, und was damals in Frankfurt kooperativ ausgedacht und ausgemacht worden ist, sucht seinesgleichen. Aber die Tiefe der Kluft, die dann entstanden ist, war nicht mehr zu überbrücken. Ich habe öfters mit Horkheimer, dem großen alten Mann in Montagnola, über den großen alten Mann in Locarno gesprochen und umgekehrt, ebenso mit Adorno, mit Tillich und anderen. Immer die gleiche etwas verlegene Reaktion: eine Mischung aus Respekt und Rivalität, aus persönlichen und sachlichen Spannungen. Mir schwebte vor, mit ihnen allen den Gedanken einer «Internationale des Geistes» wiederzubeleben. Dieser Plan hätte keine Einförmigkeit vorausgesetzt, sondern – im Gegenteil – die complexio oppositorum, das Zusammenspiel von Widersprüchen, ja eine Solidarität in der Gegnerschaft wäre genau die unserer Weltsituation gemäße Gestalt gewesen. Was wir brauchen, sind nicht Setzungen, sondern Auseinandersetzungen. Im Gespräch suchen sich die Fragmente der Welt.

Aber mein juveniles Experiment mißglückte. Der Graben blieb; teilweise herrschte Ignoranz.

In Horkheimers Biographie, deren Entstehung er übrigens mächtig forciert hat, kommt unter den Mitarbeitern des Frankfurter Instituts der Name Fromm nicht vor. Er gehörte nicht mehr zum Kreis, war keiner von ihnen. Es passierte eine Geschichte, die auszuplaudern ich mich fast geniere, aber die Fromm selber belustigt hat, weil sie Bände spricht. Eigentlich ist's ein dummer alter Witz, der hier Wirklichkeit wurde. Frau und Herr Fromm fuhren – es dürfte 1975 gewesen sein – in der Eisenbahn nach Schuls-Therasp. Im Coupé ihnen gegenüber saß ein Mann mit einem guten Kopf, vom Wetter gebräunt, Inbild eines kernigen Engadiner Bauern. Die beiden Männer musterten sich wiederholt, nahmen jedoch ganz rasch wieder die schöne Landschaft in Augenschein. Am Ziel traf Fromm einen alten Kollegen, dem er eröffnete: «Du, ich glaube, ich habe Marcuse im Zug getroffen; er hat mich aber nicht erkannt.» Darauf der: «Stimmt, hat er mir erzählt.»

Neben wem stehen nun Fromms Bücher bei mir zu Hause? Neben Albert Schweitzer, Albert Einstein und Bertrand Russell. Also in der Abteilung Philanthropie? Ja, allerdings nur, wenn dieser Ausdruck wörtlich gilt. Sie alle drei waren Freunde, Freunde der Menschen, keine Romantiker, aber «Liebhaber des Lebens».

Fromm hat (wie übrigens auch Freud) Schweitzer geschätzt als einen der fruchtbarsten biophilen Denker unseres Jahrhunderts. Schweitzer, der die Gegenwart als ein «neues Mittelalter der Unfreiheit» (diesmal sind es nicht äußere Autoritäten, denen wir unterworfen sind, sondern weit gefährlichere, nämlich selbstgeschaffene geistige Abhängigkeiten, die uns binden) charakterisiert hat, warb für eine humane Renaissance als der einzigen Alternative zur totalen Katastrophe. Seine «Ehrfurcht vor dem Leben» nicht als bloß private Ethik mißzuverstehen, sondern sie als «Organisationsprinzip der Gesellschaft» zu verwirklichen, regte Fromm in einer zu Schweitzers hundertstem Geburtstag in Paris gehaltenen Rede an. Ohne die Unterschiede zu verkennen, überrascht Fromm mit dem Hinweis auf die enge Verwandtschaft Schweitzers mit Marx, Thoreau, Emerson und Gandhi: Gegen den «grotesken Fortschritt», dessen Erzeugnis jener «moderne Mensch» ist, für den «völlige Passivität ein seelisches Bedürfnis» darstellt, setzen sie alle den «normalen Fortschritt», der sich weder «progressiv» noch «antiprogressiv» gebärdet, sondern der einen dritten Weg sucht und eine Synthese anstrebt zwischen «einem Optimum an industrieller Produktion und einem Maximum an menschlicher Selbständigkeit und Aktivität». Schweitzers zeitkritische Philosophie der frühen zwanziger Jahre – oft als überholt oder abgestanden belächelt – erwies sich, drei Jahrzehnte später, da er als Rüstungsgegner weltweit Aufmerksamkeit erregte, als erschreckend brisant. Sie war die Substanz seiner späten politischen Polemik.

Fromms Beziehung zu Einstein hat ähnliche

Gründe. Er besuchte ihn im Sommer 1946 in Princeton, N. J. Zusammen mit Ernst Simon bat er ihn, einen Protest gegen die Untaten eines israelischen Terroristen mit zu unterzeichnen. Dieser «Terrorist» (kein geringerer als Ben Gurion nannte ihn so) hieß – Menachem Begin. Begin hatte als einer der Führer der nationalistischen Kampforganisation «Irgun» einen mit schweren Verlusten an Menschenleben verbundenen Überfall und Anschlag zu verantworten. Einstein, der als reifer Mann dem Zionismus zuneigte und dem 1952 das Amt des Staatspräsidenten von Israel angeboten wurde, zögerte, denn jede Schädigung des Rufes von Israel tat ihm weh. Dann gab er sich einen Ruck und schrieb seinen Namen mit dem Kommentar: «Die Wahrheit geht vor.» Was Fromm in «Haben oder Sein» über eine neue Tugend der Bescheidenheit als Voraussetzung für eine brüderliche Weltgesellschaft schreibt, hat Einstein mit ähnlichen Worten immer schon betont und gelebt. Auch in ihren «Glaubensbekenntnissen» dürften sie sich nahegestanden haben. Organisierte Religion und verwaltete Metaphysik erschienen ihnen entbehrlich oder gefährlich. Aber Spinoza bewegte sie. Die Idee des persönlichen, des nach dem Bilde des Menschen gemachten Gottes haben sie hinter sich gelassen. Dennoch konnte Einstein beinahe liebevoll von dem «Alten» sprechen, wenn er Spuren von Sinn, von Wahrheit in der Wirklichkeit, von kosmischer Ordnung und Harmonie entdeckte und bestaunte. Die *Welt* ist mehr, als sie ist, sagte Einstein, der empirische Naturwissenschaftler. Der *Mensch* ist mehr, als er ist, sagte Fromm, der nüchterne Psychoanalytiker.

Im Jahr 1933 haben Albert Einstein und Sigmund Freud einen Briefwechsel über die lapidare Frage «Warum Krieg?» geführt und veröffentlicht. Das ist ein Glanzstück akademischen Gedankenaustauschs. Aber letztlich enttäuschend, ein Briefwechsel zwischen zwei Welten. Einstein notiert im Tagebuch: «C. G. Jung habe ich zwar verstanden, aber wertlos gefunden: ein Haufen Rederei ohne klare Linie. Wenn schon ‹Psychaster›, dann besser Freud. Dem glaube ich zwar nicht, liebe aber seinen prägnanten Stil außerordentlich und seinen originellen, wenn auch allzu ausschweifenden Geist ...» Freud hat des Partners Unzufriedenheit geahnt; er notierte seinerseits: «Wenn Einstein meinen Stil und meine Darstellungskraft lobt, zeigt das nur, ein wie wohlmeinender Mensch er ist. Er möchte mich anerkennen – für den Inhalt meiner Schriften fehlt ihm das Verständnis, darum lobt er wenigstens ihre Form.» Ich glaube – und darauf will ich hinaus – Einstein und *Fromm*, ihr Disput wäre ergiebiger ausgefallen. Die Fragen nach Ursache und Vermeidung von Krieg hätten die gleichen sein können, die Antworten hätten anders lauten müssen. Freud war für Einstein zwei Jahrzehnte zu alt, Fromm zwei Jahrzehnte zu jung.

Von Bertrand Russell konnte Fromm, sonst

distanziert urteilend, im Ton der Eloge reden. Er hat ihn 1943 kennengelernt, war natürlich mit seinen Schriften bestens vertraut und wirkte mit ihm zusammen in manch einer Intervention *für* die Menschenrechte und *gegen* die Vorbereitung eines nuklearen Holocaust. Beide waren von einem fundamentalen Mißtrauen gegen Macht – auch und insbesondere gegen die «Macht des Faktischen» – erfüllt. Sie stimmten grundlegend überein in den sie kennzeichnenden Maximen «sapere aude» (wage zu wissen) und «de omnibus est dubitandum» (alles ist anzuzweifeln). Indem sie Unabhängigkeit des Denkens wie des Handelns verkörperten, waren sie Provokateure, immer aufs neue, niemals zu domestizieren, Inbilder von Nonkonformismus. «Man soll keinesfalls versuchen, die Menschen am eigenen Denken zu hindern; denn es wird einem mit Sicherheit gelingen» – der englische Voltaire, der so sprach, machte Fromm Spaß. Politiker fürchteten dessen despektierlichen Witz, Richter seine Überlegenheit, mit der er sie, die Robenträger, während der Verhandlung im Nu in die Rolle der Angeklagten versetzte. Ohne Rücksicht auf seinen Ruf, auf seine Karriere, auf seine bürgerliche Freiheit hat dieser Philosoph und Erzieher, dieser Mathematiker und Soziologe stets – ungefragt, doch unüberhörbar – konkret politisch Position bezogen, furchtlos Prominente dem Spott ausgesetzt und freimütig zur Tugend des Ungehorsams aufgerufen, wenn Gehorsam als Instrument von Herrschaft mißbraucht wurde.

Russell, der mit der Möglichkeit einer militärischen Offensive, die dem Angreifer Adolf Hitler hätte zuvorkommen sollen, durchaus geliebäugelt hatte, wurde angesichts der Wasserstoffbombe zum unbedingten Kriegsgegner. Als Befürworter und Anwalt genereller Militärdienstverweigerung

Bertrand Russell

wurde er, neben Einstein, zu einer nahezu mythischen Figur, an der man sich in aller Welt orientierte und noch orientiert. Eine «bewußte und geplante öffentliche Beleidigung des Heeres einer mit uns verbündeten großen Nation» (gemeint sind die USA) brachte Earl Russell ein halbes Jahr ins Gefängnis. Noch als fast Hundertjähriger ist der Lord auf die Straße gegangen, hat der Aristokrat Demonstrationen angeführt, wurde der Nobelpreisträger von der Polizei abgeschleppt. In seiner Person verband sich Charisma mit Charme. Souverän bestritt und entkräftete Russell den Glauben (oder Unglauben) derer, die immer nur auf Zwangsläufigkeiten zu verweisen vermögen. Er war, stellt Fromm fest, das Gegenteil eines «Deterministen, der behauptet, die geschichtliche Zukunft sei schon im voraus festgelegt». Er war vielmehr ein «Alternativist», der sich, gleich den alttestamentlichen Propheten, dem vorgeblich unausweichlichen Schicksal und seinen Vollstrekkern in den Weg stellte und die Entscheidung für ein Gegenmodell herausforderte. «Unsere Alternative heißt», schreibt Fromm, «Beendigung des Wettrüstens *oder* Zerstörung. Ob die Stimme dieses Propheten sich durchsetzen wird gegen die Stimmen, die voller Überdruß das Verhängnis verkünden, wird davon abhängen, wieviel Lebenskraft unsere Welt und vor allem unsere jüngere Generation noch besitzt. Wenn wir zugrunde gehen, können wir nicht behaupten, wir seien nicht gewarnt worden.»

Erich Fromm – ein Freund der Menschen. Freundschaft ist Zu-Mutung. Fromm hat seiner Umgebung viel zugemutet, weil er ihr viel zugetraut hat. Einer talmudischen Überlieferung zufolge erscheint, wenn ein Kind geboren wird, ein

Engel und berührt dessen Stirn, auf daß es alles Wissen der Menschheit, mit dem es zur Welt kam, vergesse. Doch es ist und bleibt verborgen da. Wäre es anders, man könnte die Menschen nicht ansprechen, nicht erreichen. Das von dem Engel freundlich in Vergessenheit gebrachte Wissen wird im Lauf eines Lebens teil- und stufenweise wieder freigesetzt, neu geboren. Fromm konnte einen so anschauen, als sei er auf das Verborgene in einem gespannt. Mit dieser Erwartung hat er viel Geburtshilfe geleistet. Seine Aufmerksamkeit für unsere Träume hat ebenfalls hier ihren Grund. Im Traum empfangen wir aus uns selber (nicht von einem anderen Stern) Informationen, Signale, Botschaften, Hinweise auf verkannte oder versteckte Wahrheiten. Im Traum sind wir oft reicher als bei Tag. Und nochmals ein Wort aus dem Talmud, das Fromm gern erwähnte: Ein ungedeuteter Traum ist wie ein ungeöffneter Brief.

Freundschaft ist außerdem die Fähigkeit zum Mitgefühl, zum Mitleiden. Es ist rar geworden in unserer Zeit. «Ich meine nicht, daß die Menschen weniger litten als früher; sie sind sich selbst jedoch so entfremdet, daß sie das Bewußtsein ihres Leidens verdrängen.» Es gibt viele Menschen, die niemals Glück erlebt haben. Es gibt keinen, der nie gelitten hätte. Das Leiden ist, sagt Fromm (und er greift damit auf Schopenhauer zurück und stellt so schließlich doch wieder eine enge Verbindung mit dem alten Horkheimer her) – das Leiden ist der einzige Affekt, der allen Menschen, ja wohl allen empfindenden Lebewesen gemeinsam ist. Deshalb kann aus der Erkenntnis der Universalität des Leidens der Trost einer Solidarität alles Lebendigen gewonnen werden, der im menschlichen Mitleid aktiv wird. Mit solchen Gedanken, die ganz tief in ihm wurzelten und an denen er mir, als ich's brauchen konnte, Anteil gegeben hat, wird er vielen beigestanden haben.

Am 18. März 1980, fünf Tage ehe er achtzig Jahre alt geworden wäre, starb Erich Fromm. Seine Frau und wenige Freunde nahmen auf dem Friedhof von Bellinzona Abschied von ihm. An seinem Geburtstag suchte ich frühmorgens, der Tag, ein besonders heller, hatte kaum begonnen, sein Grab. Vergebens. Es gibt kein Grab, keinen Platz, zu dem man gehen, an dem man stehen könnte. Meine Rosen legte ich an einen fremden Stein. Ich kam mir alleingelassen vor und grübelte der Frage nach, was eigentlich geschieht, wenn die Väter unseres Denkens sterben. Unwillkürlich fiel mir ein Gedicht von Matthias Claudius ein, die Elegie am Grab des Vaters, die mit der Zeile beginnt: «Friede sei um diesen Grabstein her», und die endet mit den Worten, die ich nun in den Wind sprechen mußte, aber die ich mir in bezug auf Erich Fromm gern zu eigen machte: «Ach, sie haben einen guten Mann begraben – und mir war er mehr.»

Reinhold Schneider

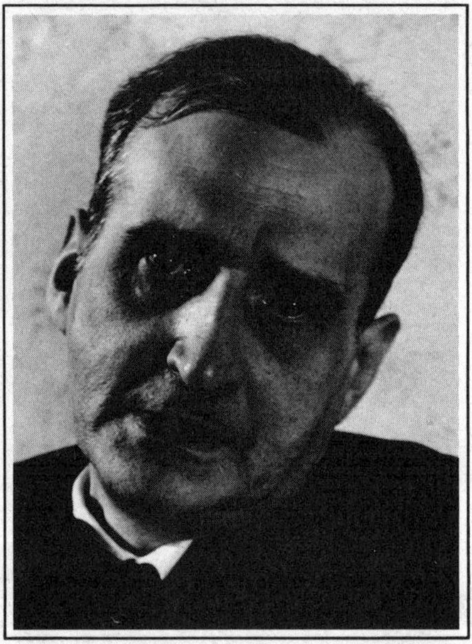

«Es muß
etwas geschehen,
was noch niemals
geschehen ist»

Das Haus, wo ich geboren wurde, stand dicht am Kurhaus in Baden-Baden. Auf den Knien meines Vaters sitzend, sah ich, wie es abgerissen wurde ...» Ein halbes Jahrhundert später ist Reinhold Schneider wiederum Zeuge, wie das Hotel seiner Eltern «weggeräumt» wird. In den «Aufzeichnungen eines Müßiggängers» schildert er, wie er vom gegenüberliegenden «Atlantik» aus «als Gast zu halber Kurtaxe dem Abbruch zuschauen» darf. «Der Abbruch» sollte das Buch ursprünglich heißen, für das der Verlag jedoch den Titel «Balkon» bevorzugte. Abbruch – dies Thema zieht sich wie ein Cantus firmus durch das Leben und Denken Reinhold Schneiders. «Das Gefühl kommender Untergänge hat mich nie verlassen.»

Sein Geburtstag ist der 13. Mai 1903. Er war, wie er einmal sagte, zwar fürs Helle, aber mehr noch fürs Dunkle begabt. Er wußte sogar die Herkunft. Die Mutter, eine geborene Messmer, gehörte zu der Familie, aus der Franz Anton Mesmer stammte, «der, weder ein Denker noch ein Zauberer, sondern ein echter Arzt war aus der Kraft der Liebe und der von ihm geglaubten kosmischen Harmonie». Vom Vater wurde Reinhold «der Schwermut Erbe» übermacht. Die Eltern lebten in einer katholisch-evangelischen Mischehe. Schneider ahnte früh, daß ihm damit ein Platz auf der Grenze, auf den Schnittlinien zugewiesen war. Mit der Erfahrung der eigenen Existenz definiert er Geschichte als einen Kampf, in dem unvereinbare Sendungen aufeinanderstoßen.

Sehr jung geriet Schneider unter den Einfluß Schopenhauers. Ihm war und blieb er «dankbar für die Größe der Weltsicht, mit der er kalte und einsame Abende beschenkte. Er wies mich nach Indien: ein wieder und wieder ersehntes Ziel, das ich nie erreichen sollte.» Schneiders «totalem Pessimismus» entsprang und entsprach seine Philosophie des Mitleids. Im Leiden sind die empfindungsfähigen Geschöpfe verbunden. Die alle Lebewesen solidarisierende Todverfallenheit müßte die Menschen zum Mit-Leiden, zur Liebe veranlassen – das wäre die einzig vernünftige Antwort auf die ihnen mit- und aufgegebenen Rätsel. Erkenntnisse waren für Schneider Erlebnisse. Sie durchdrangen ihn ganz und gar. Melancholie, Weltschmerz und Lebensangst trieben ihn bis zum versuchten Selbstmord. Jederzeit begleitete ihn Krankheit. Doch auch Heilkräfte waren da. Sie machten ihn neugierig. Er war stets unterwegs. Reisen ebenso wie Bücher boten ihm Entdeckungen, sogar Abenteuer. Mehr noch als Schopenhauer zog plötzlich Spaniens Dichterphilosoph Miguel de Unamuno ihn an. «Es vergeht», so teilte Schneider ihm mit, «kein Tag, an dem Sie nicht auf mich wirken!» «Unamuno hat mein Leben verändert.»

Aus Furcht vor dem Denken als Beruf bemühte sich Schneider als landwirtschaftlicher Volontär, als kaufmännischer Lehrling, entschloß sich freilich wegen offenkundiger Ungeschicklichkeit im Praktischen dann doch zu autodidaktischem Studium, dem er sich mit Intensität hingab. Ab 1929 entstanden seine Schriften über Mächte und Schicksale europäischer Geschichte. Er reiste viel, fuhr dorthin, wo die Vergangenheit womöglich noch Gegenwart war, und suchte – vornehmlich im Süden – die seiner «Seele verwandteste Landschaft», ohne sie irgendwo ganz gewahr zu werden. Ab 1932 lebte er in Potsdam. 1934 hörte er «die ersten unabweisbaren Gerüchte von den KZs». In diesen düsteren Jahren gewannen die Freundschaften mit Jochen Klepper und Leopold Ziegler, mit dem Maler Leo von König und mit Anton Kippenberg, seinem Verleger, für Schneider eine lebenswichtige Funktion. Gleichwohl blieb zwischen ihm und seinen Gesprächs- und Briefpartnern ein Vorbehalt, eine Reserve, ein Rest von in Etikette gehüllter Einsamkeit, von Unverstandensein und Fremdheit. 1938 siedelte Schneider um nach Freiburg im Breisgau. In der Mercystraße schrieb er unter bescheidenen Bedingungen im und nach dem Krieg seine Gedichte, Erzählungen, Dramen, Essays und autobiographischen Berichte: zusammen mehr als einhundertundzwanzig Buchveröffentlichungen.

Nach Kriegsschluß gab Reinhold Schneider diese Erklärung ab: «Ich habe nie der Partei noch einem der von ihr geschaffenen Verbände angehört, keinen Wehrdienst, niemals einen Eid geleistet. Von 1933 an befand sich mein Schrifttum in entschiedenem Gegensatz zum Staate; die Angriffe der Presse setzten sofort ein und steigerten sich von Jahr zu Jahr; die Verbreitung meiner Bücher wurde auf jede Weise gehindert, so daß keines zur vollen Auswirkung kam. Seit 1940 bekam ich keine Druckerlaubnis mehr. Trotzdem wurden während des Krieges, dank der Tapferkeit meiner Verleger und Freunde, weit über 500000 Exemplare meiner Schriften allein durch den Druck verbreitet; die privaten Veröffentlichungen kann ich nicht übersehen. Im Jahre 1943 schritt das Hauptsicherheitsamt ein mit der Anklage auf Defaitismus, doch habe ich, ungeachtet vieler Warnungen und der wachsenden Beschwerden meiner Krankheit, meine Arbeit und deren Verbreitung bis zum Ende durchgeführt.»

Wäre Schneider damals gestorben, man hätte einen franziskanischen Bruder in die Erde legen können, von dem man in Erinnerung behält, daß er ein Sanftmütiger war, der tief gelitten, nie gestritten hat. Darauf, daß er sich noch einmal sehr unbequem, sehr inopportun zu Wort melden könnte, war man kaum gefaßt. So folgte der Zeit der Verehrungen, die sich in Tausenden von Dankesschreiben unbekannten Absenders an den Dichter ausdrückten, eine Zeit der Ehrungen, die er – teils verwundert, teils gequält – hinnahm. Er wurde mit Preisen, Titeln, Orden bedacht. Einige der Feierlichkeiten wirkten wie Gedenkstunden zu Lebzeiten. Er selber hat das so empfunden. Die Gesellschaft scheint froh zu sein, wenn sie den Lorbeerkranz überreichen kann, wo insgeheim die Dornenkrone ihr passender dünkte. In der

Reihe der Auszeichnungen, die Schneider zuteil wurden, bedeutete die Verleihung des Friedenspreises der deutschen Buchhändler und Verleger im September 1956 einen Höhepunkt. Die Laudatio in der Frankfurter Paulskirche hielt Werner Bergengruen. In Schneiders Schriften, sagte er, stehe das Wort «Friede» keineswegs an erster Stelle. Aber stimmt das?

Tatsächlich kam die Vokabel anfangs bei Schneider nur sparsam vor. Im letzten Jahrzehnt seines Lebens dagegen hat er sich wohl von keinem Thema so beanspruchen lassen wie von diesem. Allerdings blieb sein Begriff vom Frieden kompliziert. Wie Gesundheit nicht ohne Krankheit zu bestimmen sei, so meinte er, daß Krieg und Frieden «auf tragische Weise» ineinander verwikkelt seien, daß sie sich gleichermaßen ausschlössen und bedingten. Nächst seinen Freunden habe man seinen Feinden das Beste zu verdanken, und er wolle nicht vergessen, ihnen diesen Dank öffentlich abzustatten. Als Historiker hielt er Kriege sogar für einen starken Motor der Geschichte. Ohne den Abwehrkampf der Griechen gegen die Perser beispielsweise hätte es kein Abendland gegeben, kein Europa. Der Streit der Gewalten sei «vernichtend und fruchtbar zugleich». Und: «Wo kein Feind in voller Rüstung trotzt, wird auch kein Held geboren.»

Uns wollen solche Sätze kaum noch über die Lippen. Sie erinnern an mancherlei Ideologien von der Notwendigkeit, ja von der Herrlichkeit des Krieges. Aber mit ihnen hatte Schneider nichts gemein. Er sträubte sich lediglich gegen Vereinfachungen, gegen geschichtsfremde Vorstellungen. Er war beileibe kein Fetischist des Militärischen. Ihn als Pazifisten auszugeben wird indessen auch nicht ohne weiteres gelingen. In einem Bewußtsein von der unaufhebbaren Ambivalenz von Krieg und Frieden hat er dieses Thema bis zur Neige problematisiert. Unterhalb des Grades an Skrupulösität seiner bohrenden Reflexionen hat das Nachdenken über Krieg und Frieden kein ausreichendes Niveau.

Während seines Winters in Wien, wenige Monate vor seinem Tod, hat Schneider wiederholt das Heeresmuseum besucht. Seine Schilderung ist aufschlußreich. Jeder Satz eine Huldigung für die große Armee des Kaisers, die in vielen glanzvollen Schlachten von Belgrad bis Flandern, in Niederlagen und Siegen, ihr Blut vergossen hat. Bei seinem Gang durch das Arsenal verneigte sich Schneider vor den Fahnen des Alten Reiches, vor den Standarten und Waffenröcken, den kostbaren wie den unauffälligen Zeichen und Zeugnissen einer ruhmreichen Vergangenheit. Und dann ging er still zum Ausgang. Er blieb auf der Schwelle stehen und wußte: Diese Geschichte kann und darf nicht fortgesetzt werden. Wir müssen uns aus ihr entlassen, sie verabschieden. Ehre den Toten! Aber die Schlachten der Zukunft bedürfen einer ganz andern Courage; sie müssen mit Mitteln, über die wir noch nicht verfügen, die es möglicherweise niemals geben wird und von deren Aufgebot doch unser Leben und Überleben abhängt, ausgetragen werden. «Heldentum» kann sich forthin nicht mehr mit Waffengewalt, es muß sich als «Passion» darstellen. Der «Unglaube der Macht» wird sich vom «Glauben der Machtlosigkeit» beschämen und ersetzen lassen müssen.

Schneiders Formulierungen werden immer ultimativer. «Die Welt nämlich, in der wir bisher lebten, geht in jedem Falle zu Ende; das ist die unausbleibliche Folge gemachter und angebahnter Entdeckungen und Erfindungen: die Frage ist nur, ob der Krieg das Ende vollziehen wird oder der Friede. Wir befinden uns in einem Zwischenzustand, der nach allem Ermessen nicht lange wird dauern, nicht lange wird unentschieden bleiben können.» Schneider ist überzeugt, daß die explosiven Veränderungen, die sich jetzt ereignen, uns nicht lassen können, wie wir waren. Sie «verweigern, was wir wollen, fordern, was wir nicht vermögen. Die Zepter wurden im Dunkel vertauscht; ein unbekannter Souverän ist gekommen von verschlossener Stirn; seine Strahlung ist in uns eingedrungen, ist Bestandteil geworden unseres Selbst.» Oder an anderer Stelle heißt es im Tagebuch: «Das Vorhandensein atomarer Waffen ist mir selber zum Seelenleid geworden; die uns geglückte Verbesserung der Kanonen – man kann Kanonen überhaupt nicht verbessern, sondern nur verschlimmern – erscheint mir ebenso untragbar wie unausweichlich. Angesichts dieser Paradoxie zu kämpfen, geht über unsere Kraft; es muß doch sein.» Wieder und wieder beschwor nun Schneider die Öffentlichkeit: «Es muß etwas geschehen, was noch niemals geschehen ist.» Das Wort Friede bezeichnet eine Überforderung, etwas Niedagewesenes. Was es meint, ist aus dem Vorrat des Bekannten nicht zu zitieren. Wer Frieden will, kann sich auf Erfahrung allein nicht berufen und schon gar nicht verlassen. Er muß mit einem großen Risiko zu operieren bereit sein. Wer «keine Experimente» wünscht, wünscht keinen Frieden. Konservativ war das nicht, was Schneider da dachte.

In seinem Essay «Der Friede der Welt» – einer Vorstudie zu der konfessorischen Rede in der Paulskirche – hat Schneider seine Gedanken des Friedens zusammengefaßt. Diese äußerst konzentrierte und von unbestechlichem Ernst diktierte Schrift ist der Beitrag unseres Zeitalters zu der immer nur an den Rändern offizieller Meinungen sich entwickelnden Tradition der «Kriegsbüchlein des Friedens» (Sebastian Franck, 1539). Sie ist keine akademische Expertise, sondern ein Flugblatt, ein Sendschreiben, ein Appell von um so herausfordernderem Nachdruck, als er im Zusammenhang mit der persönlichen Geschichte ihres Autors gesehen werden muß.

Schneiders Meditationen und seine Sonette hatten im Krieg unter gewagten Umständen und meistens auf illegalen Wegen ihre Leser erreicht. «Haltungen gegenüber der Gewalt zu gestalten», hatte er sich vorgenommen. Strenge und Zartheit verbinden sich in seinen Gedichten, wie bei Gryphius. Solche Dichtung hat ihre Zeit, ihre Stunde. Sie ist nicht immer zugänglich. Sie kann schweigen und plötzlich wieder beredt werden – wie bei Gryphius. Als Schneider der Ohnmacht seiner poetischen Proteste inne wurde, verwandelte er seine Absicht in «Tröstung». Er bot seinen Lesern ein Refugium an – das ist kein Herrgottswinkel, keine Neben-, sondern eine Gegenwelt aus Sprache. Sein ganzes Bestreben war, «ein paar Worte zu finden, die den Menschen helfen könnten, das Unabweisbare zu tragen». Als «Samariterdienst» verstand der Dichter seine Arbeit. Bestenfalls konnte er Wunden lindern, nicht hindern. Mit gebundenen Händen gab er Zeichen.

Bedenkt man die Empfindlichkeit, die Dünnhäutigkeit, die Fragilität dieses Schriftstellers, so kann man nachträglich nicht erstaunt sein, daß all das, was sich in der Kriegszeit schon anbahnte, nach 1945 offenkundig wurde: Schneider, der nie Gefallen daran gehabt hatte, «Papierrosen der Literaturgeschichte» zu produzieren, fühlte sich jetzt «endgültig abberufen vom literarischen Leben». Die Ausdrucksmöglichkeiten der Kunst waren erschöpft. Sie erschienen ihm unangemessen für seine Intentionen. Das Prophetische vertrieb das Poetische. Etwas Drängendes machte sich bemerkbar. Er spürte, «immer das tun» zu müssen, «was nicht erwartet wird».

Ich höre noch seinen Stoßseufzer in der Paulskirche: «Ich wäre sehr froh, wenn ich Pazifist sein könnte.» Er beneidete die Pazifisten um «die Meinung, daß es möglich sei, die Kriege aufzuheben, den Blutstrom der Erde zu stillen». Doch er konnte sich dem gutgläubigen Grundmuster des Pazifismus, trotz immer wieder bekundeter Sympathie, nicht vorbehaltlos verschreiben. Für ihn spielte «alles Geschichtliche unter einem Gewitterhimmel». Geschichte sei das Drama einander befehdender, herausfordernder und steigernder Ideen. Sie wird bewegt durch den Doppelauftrag von Innozenz und Franziskus, von Schwert und Wort. Eine Lösung dieses Widerstreits zugunsten einer der beiden Seiten konnte sich Schneider nicht vorstellen. Deswegen verblieb für ihn nur «eine rein personale Entscheidung», die für seine Mitmenschen keine unbedingte Verpflichtung enthalten sollte und die sich gerade wegen der selbst getroffenen Unbedingtheit nicht eignete als Impuls für ein politisches Programm. Diese rein personale Entscheidung brachte ihn in die «Nähe der Gefolgschaften des heiligen Toren von Assisi, der bekanntlich auch den ihm sich anschließenden Laien Eid und Waffen verboten hatte». Friede, hat Schneider mehrfach geschrieben, ist «der Welt entgegen». Sie ist anders gesonnen. Er wird den Erdkreis nicht gewinnen. Und doch muß er gedacht, gesagt, gemacht werden. Er nennt den Frieden die «zweifelhafteste aller Hoffnungen». Spes contra spem. Wer Frieden will, «kann dem Vorwurf der Torheit nicht entgehen. Es ist fast unvermeidlich, daß er in die Gesellschaft von Narren gerät. Aber besser, auf einem Narrenschiff zu reisen als auf einem Flugzeugträger ...»

Schneider war, seinem Naturell wie seinem Intellekt nach, pazifistisch. Gegen die aufwendige Bemühung, mit allen möglichen, sogar wissenschaftlichen Argumenten die Gewalt, die todbringende Aggression, den Krieg als Faktum und Fatum zu betrachten und für seine traurige Unerläßlichkeit Verständnis zu wecken, läßt er den Mönch Las Casas sprechen: «Die Gelehrsamkeit läßt sich an jedes Roß hängen und von ihm fortziehen. Mehr hatte ich nie zu sagen und werde ich nie sagen können, als dieses eine: Wir können mit schlechten Mitteln Gutes nicht erreichen.» Dennoch konnte sich Schneider nicht beschwichtigen beim Anblick der Antinomie, daß ausgerechnet Friedensabsichten so häufig das Gegenteil bewirken, daß das Freundliche das Häßliche, das Recht das Unrecht, die Wahrheit die Lüge auf den Plan ruft. Den Frieden bezeichnete er als «eine Gabe, die uns in den Händen zerbricht, wenn wir sie weiterreichen wollen, als ein Glas, das zerspringt, wenn wir es zum Munde führen, um seinen Gehalt zu genießen». Geschichtliche Existenz bedeutet für ihn: Existenz im Widerspruch. Es gab Pazifisten, die sich für einen Anschlag auf Hitler aussprachen, um Pazifisten zu bleiben. Denn Unschuld kann Schuld sein. Friede kennt keinen Sieg. Siegen kann man bloß mit den Waffen der anderen Seite. Also ist Friede allein zu beschreiben als eine Alternative zum Krieg, die partout sein muß, obwohl denen, die für sie eintreten, Verfolgung statt Erfolg beschieden ist.

Daß Reinhold Schneider gelegentlich ein «deutscher Gandhi» genannt, daß vor allem sein Las Casas mit dem Mahatma verglichen wird, ist nur oberflächlich richtig. Gandhi war ein effizienter Politiker. Er hat den Pazifismus für ein Gebot der Vernunft gehalten. Er war überzeugt, daß der *Krieg* «der Welt entgegen» sei, nicht der Friede. Ohne befinden zu wollen, wer von beiden geschichtsbewußter dachte, Gandhi oder Schneider, ist doch immerhin festzustellen, daß sie tatsächlich in einem wichtigen Punkt übereinstimmten: Friede ist nach ihrem Verständnis mehr als das Ergebnis eines völkerrechtlichen Arrangements. Sie haben die Frage nach der Rolle des einzelnen in dem Geschehen, das Frieden oder Unfrieden schafft, erneut gestellt und auf das dringlichste so beantwortet, daß Friede in und bei uns selber beginnen müsse. Unser Verhalten im Alltag, in der Familie oder im Beruf oder im Straßenverkehr, kann ein Keim des Friedens von globaler Auswirkung werden. «Seelenfriede» und «Weltfriede» korrespondieren miteinander. Wie die furchtbaren Waffen, die unsere Ära bestimmen, rückschließen lassen auf einen geistigen und sittlichen Grundriß, auf dem sie erfunden wurden, so wird an künftigen Formen des Lebens und Zusammenlebens wie an einem Plasma erkennbar werden, ob unsere Generation der Neigung zum

Frieden oder der zum Krieg gefolgt ist. «Kommende Geschichte», sagte Schneider in der Paulskirche, «wartet auf das Klima, das wir ihr bereiten. ... Das Klima wird mitbestimmt von einer jeden, auch der verborgensten Existenz ...»

Friede setzt die «Vernichtung jeder möglichen Kriegsursache» voraus. Er muß von der Wurzel her vollzogen werden. Die Leistungen politischer Routine beurteilte Schneider sehr skeptisch: «Die Konferenzen auf höchster Ebene – Topkonferenzen – sind ohne Gefahr: die Partner reichen einander die Hand unterm Tisch; ein jeder verlangt, was der andere nicht gibt; das bedeutet, daß ein jeder behält, was er hat ... und die Regierungen können ihre Völker ihrer friedlichen Bestrebungen vertrösten. Es ist einfach: man sieht durch fehlerloses Glas, keiner spielt die Karte aus, die der andere nicht ausstechen wird. Das ist streng befolgte Konvention im Vorspiel der Katastrophe.» Wir verhalten uns politisch, wenn wir Politikern mißtrauen. Durch keine noch so perfekte Verhandlungspolitik in den «Völkerpalästen und lärmigen Kongreßhallen» ist der Friede zu bewerkstelligen, wenn ihr nicht eine gründlich veränderte Einstellung der Menschen entspricht, eine Nachgiebigkeit, eine Offenheit, ein Entgegenkommen, eine Fähigkeit zur «Selbstaufgabe um des größeren Ganzen willen, ein gewisses Opfer, nicht an Überzeugungen, aber an dem Recht, sie durchzusetzen». Zum erstenmal müßte ein «Friede geschlossen werden im Sinne Kants.

Aber Kant machte eine Vorbedingung, nämlich die, daß mitten im Kriege ein Vertrauen auf die Denkungsart des Feindes übriggeblieben sein müsse; sonst könne kein Friede geschlossen werden, und die Feindseligkeit müsse in Ausrottungskrieg umschlagen ...» Diese Anknüpfung an Kants Idee des Friedens verbindet Schneider mit Gandhi, auch übrigens mit Einstein und Schweitzer. Hier wird ein Akzent auf den *Menschen* gesetzt, wie es in den Kategorien der Machtpolitik durchaus unüblich ist. Die Basis von *Organisationen* des Friedens sind «*Gedanken* des Friedens»: «Keine Macht der Welt vermag uns zu befrieden und zu beschützen, wenn wir nicht selber uns entschließen, Gedanken des Friedens zu denken.» Schneiders Ruf zum Frieden war vor allem ein Ruf zur Herbeiführung der Bedingungen des Friedens: ein Ruf zu radikaler Sinnesänderung. Frieden kann man nicht haben, ohne ihn zu geben. Die Taktik, Wähler *zufriedenzustellen*, ist das Gegenteil von Politik, die sich heute zum Ziel setzen muß, Menschen zum *Frieden zu bestellen*. Diese Aufgabe freilich ist der Politik noch sehr fremd. Sie pflegt über die Köpfe hinweg zu schalten und zu walten. Friede aber kann nicht von oben hergestellt, er muß von unten dargestellt werden.

Mit dieser Auffassung, die Reinhold Schneider – ehedem fast ein Monarchist – nicht bloß dozierend, sondern die er werbend, ja beschwörend und zugleich resignierend verkörperte, wurde er zum Kritiker der Politik Konrad Adenauers. Er traute seinen Augen nicht, da er sehen mußte, daß man aus der jüngsten Geschichte nichts gelernt hatte, daß Hitler keine Zäsur gebracht haben sollte, daß man vielmehr nach unheilvollen Jahren möglichst zügig wieder zur Tagesordnung übergehen wollte und sich ohne Versuche einer «Trauerarbeit» mit einem verchromten Scheinfrieden abfand. Angesichts der organisierten Unbußfertigkeit begab sich Schneider unter die einzelgängerischen, einzelkämpferischen Mahner der fünfziger Jahre. Es kam unter anderem zu Begegnungen und aufschlußreichen Korrespondenzen mit Gustav Heinemann. Der erfreulichste Kontakt, der sich in dieser Situation ergab, war der mit Albert Schweitzer. Der Urwalddoktor besuchte Schneider zusammen mit Alfred Döblin, dem dezidierten Pazifisten und Unruhestifter, am 27. April 1951 in der Mercystraße. Schneider später: «Das Schönste des vorigen Jahres war, daß Albert Schweitzer für ein paar Minuten kam, es bedurfte da keiner Worte ...» Was Schneider an Schweitzer gefiel und «erquickte», waren dessen Energie auf der einen und besondere Sensibilität auf der anderen Seite. Schweitzer war von einer robusten Gesundheit und oft derben Handfestigkeit, über die in seiner Umgebung gar nicht genug gestaunt werden konnte. Zugleich zeichnete ihn eine seltene Feinfühligkeit aus, eine seismographische Aufmerksamkeit und Empfindsamkeit. Schweitzer vermochte die pessimistische Grundstimmung, den metaphysischen Skeptizismus, den er mit Schneider teilte, beständig umzusetzen in eminent praktische Hilfe für andere. Seine Freundlichkeit ist manchmal mißbraucht worden. Gleichwohl besaß er ein diplomatisches Geschick, mit dem er schwierigste Probleme glänzend meisterte: «Edel sei der Mensch, hilfreich und schlau» – war einer seiner Sprüche, die Schneider amüsierten und imponierten, obschon oder weil er selber ihrer nicht fähig gewesen wäre. Einmal fuhr Schneider nach Günsbach für ein politisches Gespräch. Er neigte dazu, sich völlig zu degagieren. Er fand sich zu müde, zu matt, auch zu unbefugt für die öffentlichen Auseinandersetzungen. Schweitzer schwieg. Er ging mit ihm hinüber in die kleine Kirche. Dem Orgelkonzert, das er nun allein für Schneider gab, folgte eine überraschende Unterhaltung über die Beziehung zwischen der Unerschöpflichkeit, der Vitalität Bachscher Musik und dem Schalombegriff der prophetischen Überlieferung. Das war ein Lieblingsgedanke von Schweitzer. Als das Alte Testament in andere Sprachen übertragen wurde, mußten jeweils ungefähr zwanzig Vokabeln aufgestöbert werden, um dem Bedeutungsreichtum von Schalom zu genügen. Wenn Juden sich mit diesem Wort grüßen, so drücken sie damit den Wunsch nach Lebensfülle, Wohlergehen, Gesundheit, Gedeihen, Unversehrtheit, Heil, Versöhnung, Ganzheit aus. Schalom ist kein Mangel an Militanz, sondern widmet sie um und wendet sie produktiv an. Wie der Streit durch Schalom in der

Übereinkunft und Vereinbarung gipfelt und seinen Sinn gewinnt, so faßt – könnte man sagen – Johann Sebastian Bach die widerstrebenden Kräfte in seiner Musik zu einer Harmonie mit Hochspannung zusammen. Hier findet die Vor-Stellung eines umfassenden Friedens statt, ein Friedensfest wird gefeiert. Auf Bachs Notenpapier erscheint die zerstückelte Welt als die eine. Diese Musik ist für Schweitzer ein Schalomgruß an alle. Wie der Dialog in der Günsbacher Kirche im einzelnen verlief, ist nicht bekannt – nur dies: daß Schneider ihn als eine «Lektion» wertete. Er kehrte ermutigt zurück an die Front der oppositionellen Geister.

Was er und seine wenigen Mitstreiter seinerzeit vertraten, wurde zwar politisch kaum ernst genommen, hat jedoch seine Brisanz nicht eingebüßt. Sie hatten einen scharfen Blick für die Entwicklung oder Fehlentwicklung. Sie sahen und sagten, daß die damals von den verantwortlichen Politikern mächtig forcierte Karriere, diese planmäßige An- oder Verleitung zur Unbescheidenheit, jenen Kollaps vorbereiten würde, den wir jetzt erleben. Sie widersetzten sich dem erneut aufkommenden, uralten Kannibalenaberglauben, daß – so Schneider – die «perfideste Politik im Grunde die bewunderungswürdigste» sei, solange sie Erfolg hat, versteht sich.

Als plötzlich die Wiederaufrüstung, entgegen vorherigen Beteuerungen, beschlossen wurde, rief Schneider seine Landsleute zum Nichtmitmachen auf. Er verwarf die allgemeine Wehrpflicht, kritisierte die grassierenden und zum Teil systematisch geschürten Verteufelungen, den Antikommunismus, weil er ihn letztlich für Antipolitik hielt, und verfocht in Friedensaufsätzen, die in kommunistischen Zeitschriften gedruckt wurden, die These, dem Kommunismus sei allein mit «unbeirrbarer sozialer Gerechtigkeit» zu begegnen, mit einer Gesellschaft also, die sich nicht «vom Unrecht ernährt», und keinesfalls mit der Goliath-Gebärde der Stärke, die Angst verbergen soll. Wer einen Atomtod in seine Kalkulation einbeziehe, zerstöre nicht nur andere, sondern zuallererst sich selber. Die Freiheit, die er zu verteidigen vorgebe, habe er längst verloren.

Schneider schlug, zusammen mit so andersartigen Kollegen wie Bertolt Brecht oder Arno Schmidt, eine «Volksbefragung über Remilitarisierung» vor. Er unterzeichnete in der DDR erscheinende Aufrufe. «Vermutlich würde sich das deutsche Volk, wenn es befragt würde, ohne beeinflußt zu werden, in der Mehrheit heute noch gegen die Bewaffnung entscheiden», meinte Schneider 1951, und er solidarisierte sich 1956 mit Brecht, dessen letzte Veröffentlichung ein Offener Brief an den Deutschen Bundestag war, in dem es hieß: «Wollt ihr wirklich den ersten Schritt tun, den ersten Schritt in den Krieg? Den letzten Schritt, den in das Nichts, werden wir dann alle tun. Und wir wissen doch alle, daß es friedliche Möglichkeiten der Wiedervereinigung gibt, freilich nur friedliche. Uns trennt ein Graben, soll er befestigt werden? Krieg hat uns getrennt, nicht Krieg kann uns wieder vereinigen. Keines unserer Parlamente, wie immer gewählt, hat von der Bevölkerung Auftrag und Erlaubnis erhalten, allgemeine Wehrpflicht einzuführen. Da ich gegen den Krieg bin, bin ich gegen die Einführung der Wehrpflicht in beiden Teilen Deutschlands ...»

Reinhold Schneiders Einwürfe, seine Warnungen und seine Gegenvorschläge lösten äußerst nervöse Reaktionen aus. Sie trafen buchstäblich ins Schwarze. Es war der deutsche politische Katholizismus der fünfziger Jahre, die Verbindung von Klerikalität mit der politischen Praxis und Ideologie des Kalten Krieges, welche die Widerrede eines Mannes, bei dem man sich bereits auf unschädliche Heiligenverehrung eingestellt hatte, nicht ertragen konnte. In dem politisch-religiösen Herrschaftskartell, dessen nominelle Christlichkeit Schneider anfocht, waren die tragenden Ideen tabuisiert. Der alte Mann an der Spitze in Bonn verstärkte den Bann. Ein Katholik, der dies Kartell in Zweifel oder gar gegen es zu Felde zog, schien auch auf jene höchste Instanz einen Anschlag zu verüben, die diesen Patrioten und Patriarchen eingesetzt hatte.

Schneider war überzeugt, daß die Deutschen «von der Gnade des Unglücks» einen Auftrag zum Frieden empfangen hatten. Dem bisher «noch gar nicht erschienenen» Christentum traute er die Befreiung aus tödlichen Fesseln und Zwängen zu: «Ich habe immer die Meinung vertreten, daß ein entschiedenes Nein zur Rüstung die moralische Autorität der Kirche auf eine seit dem Mittelalter nicht mehr innegehabte Höhe steigern könnte; zugleich aber würde sie den Bruch mit dem ganzen Weltgefüge bedeuten, denn die Spitze, in der alle Kräfte zusammenstrahlen, ist die moderne Waffe.» Dieser Christ, der sich so uneingeschränkt der Bergpredigt anschloß und sich damit den Respekt von Nichtchristen wie Gottfried Benn oder Axel Eggebrecht und vielen anderen zuzog, dieser Christ wußte sich damals nicht primär von dem ihn observierenden Verfassungsschutz bedroht oder verfolgt, sondern von katholischen Wortführern, von den Vertretern der Symbiose aus Religion und Politik. In mehreren Phasen (für deren Nachzeichnung wir auf einen genauen und mutigen Biographen warten) mußte Schneider die Ablehnung oder Anfeindung erfahren: von der heimlichen Distanzierung bis zur offenen Diffamierung. Wollte man seine Einsprüche zunächst als marginale Lamentationen abwerten und mit Arroganz zurückweisen, so wurde die Stimmung alsbald dermaßen affektiv, daß Beschimpfungen, Verdächtigungen, Androhungen zu seinem täglichen Brot gehörten. Schneider wurde nach allen Regeln der Kunst verfemt, mißachtet, ausgestoßen. In einem Brief an Gräfin Yorck von Wartenburg klagt er: «Von meinen Büchern kann ich nicht leben. Meine Existenz beruhte darauf, daß ich monatlich etwas für den Sender und einige Rezensionen oder Aufsätze schrieb. Diese Möglichkeit habe ich in der letzten Zeit verloren. Meine sowohl auf religiösen wie auf politischen Überzeugungen gegründete Ablehnung der Rüstung, meine Polemik mit der den Krieg rechtfertigenden Theologie, mein Bemühen, über alle Grenzen hinweg eine menschliche Beziehung zu den Gegnern des Glaubens zu erhalten und dort ein christliches Wort zu sprechen, wo keines gesprochen wird, haben mir erbitterte Feindschaft eingetragen. Ich mußte das erwarten. Man hat aber offenbar die Absicht, meine Existenz zu zerstören. Dieselben Blätter und Blättchen, die so lange von meiner Arbeit zehrten, beschimpfen mich auf jede Weise. Eine Verteidigung ist nicht möglich. Das Ziel ist erreicht: man wagt nicht mehr, mit mir zu arbeiten ...»

Die Blätter und Blättchen, der Sender, die Theologen – sie alle lassen sich bei Namen nennen. Erst sieben Jahre später, nach Schneiders Tod, ließ die Erinnerung nach. Man war geneigt, seine politischen Irrungen und Wirrungen zu vergessen, und an seinem Grabe flossen Krokodilstränen. Unversehens wuchs die Zahl derer, die sich seine Freunde nannten, obwohl sie ihn zu Lebzeiten im Stich gelassen hatten. Daß sich die Wut gegen ihn nicht völlig zu einem «Fall Reinhold Schneider» zugespitzt hatte, ist wohl nur zu erklären mit jener wunderlichen Legierung von Gereiztheit und Sattheit, von Überheblichkeit und Furcht, die wir uns während der Restauration nach dem Zusammenbruch angeeignet haben. So bereitete sich anstelle des «Falles» etwas noch Beunruhigenderes vor: ein «innerer Unfall», wie Schneider es nannte, dem der äußere folgte, an dem er nach einem Sturz auf einer Freiburger Straße zu Ostern 1958 starb.

Viele Interpreten möchten das Kapitel der Stellungnahme gegen die atomare Aufrüstung gern aus Schneiders Biographie verdrängen oder als Fehltritt auslegen. Sie wollen ihn wieder auf Maß bringen und selber entscheiden, was zu ihm paßt, was nicht. Mir scheint aber, daß gerade die provokanten Aspekte seines Denkens und seines Eintretens eben keine Entgleisungen, sondern Pointen in seinem Leben und Werk sind: «Unsere wesentliche Armut ist die an Radikalität.» Obschon die Hochachtung der Tradition die revolutionäre Tendenz dieses Mannes beständig zur Ordnung rief und bremste, sah er sich gezwungen, unaufhaltsam zu gehen, «nicht um anzukommen, sondern um zu gehen ... Ich muß gehen. Ich lausche nicht zurück, denn ich weiß, es geht kein Schritt mehr hinter mir.» Das war die Stimme eines Einsamen, eines Außenseiters, der nicht umhin konnte, «Wahrhaftigkeit bis zum äußersten zu intensivieren», der stellvertretend für andere das Malheur unserer Zeit erlebte, aber doch – wie er betonte – «keine Bangnis» verspürte.

Ich sehe ihn vor mir, wie er mich das letzte Mal, es war der 3. November 1957, im Stuttgarter

Funkhaus besuchte: im Gespräch vornübergeneigt, bei allem Ernst immer voll Anmut in seinen Bewegungen, «Vorbote des Entsetzlichen», der mehr wußte, als er sagen konnte, und daher ein diszipliniertes Schweigen übte, sich jedoch plötzlich wieder zu seiner ganzen riesigen Größe aufrichtete, um Depressionen zu verscheuchen und um auch etwas von der versteckten Heiterkeit zu erkennen zu geben, die ihm eigen war und der er durch den roten Wein gern eine sanfte Unterstützung zukommen ließ. Er litt darunter, sich nicht mehr verständlich machen zu können oder zu dürfen. Einem Schriftsteller, einem zur Mitteilung, zur Geselligkeit veranlagten Menschen widerfuhr am Ende die Stummheit. «Sprache hat kaum noch Funktion», sagte er zu mir beim Adieu.

So wurde seine Stimme immer leiser, aber gleichzeitig deutlicher. Sie meldete den Abbruch einer Epoche. Gern hätte sie den Anbruch einer neuen verkündet. Doch Schneider gestand: «... meine Lebenskraft ist so sehr gesunken, daß sie über das Grab nicht hinauszugreifen, sich über den Tod hinaus nicht zu sehnen und nicht zu fürchten vermag.» Im Abschied, wenn schon Gelassenheit sich zur Verzweiflung gesellt, kann einem eine Freiheit der Erkenntnis zuteil werden, wie sie Schneiders Notizbücher 1957/58 dokumentieren – etwa in einer Zeile wie dieser: «Seit ich gestorben bin, ist mir so leicht.»

In dieser Leichtigkeit, in dieser Freiheit ist Schneider mit Dietrich Bonhoeffer verwandt.

Beide sprachen aus einer letzten Einsamkeit heraus, der eine in der Zelle des Gefängnisses im Berliner Vorort Tegel, der andere in den Kaffeehäusern von Wien. Sie waren an eine äußerste Grenze gelangt, hatten sich von den Zwängen angelernten Denkens gelöst und sahen sich nun suchend und fragend um, ob es Rettung gäbe gegen das Drohende. Bonhoeffers und Schneiders Aufzeichnungen ziehen unerbittlich Bilanz und kommen zu dem Schluß, daß Verlust und Gewinn nicht mehr zum Ausgleich zu bringen sind. Und nur mit diesem unerschrockenen Eingeständnis, nur mit einem Mut zu «an das Häretische streifenden Fragen» kann man sich auf den Weg machen zu neuen Auspizien. In solcher Bilanz kehren sich die Bedeutungen um: Wer verliert, kann gewinnen. Es war Bonhoeffer und Schneider aufgegeben, sich aufzugeben. Sie ließen sich ein auf einen Auszug ins Ungewisse. Warten ist mehr als Besitzen.

Neben dem Heeresmuseum ist es das Naturhistorische Museum, das Schneider während des Wiener Winters fasziniert. Mit fast indiskreter Eindringlichkeit, mit dem Sprachmittel einer provozierenden Ödnis beschreibt er seine wiederholten Gänge durch die Ausstellungen. Er schaut in die Abgründe einer Vergangenheit, die so rätselhaft ist wie das engellose Weltall, das zu erobern wir begonnen haben. Die Naturwissenschaft, die Natur selber verändert oder verdrängt seine bisherige Geschichtsvorstellung. Schneider nimmt wahr, daß die Schöpfung unheimlich, daß der

Himmel leer ist. Mit dem Blick in den Kosmos und die Schrecken des Kampfs ums Dasein zerbricht endgültig sein Bild vom sorgenden und ordnenden Vatergott. In seiner Rede zum siebzigsten Geburtstag Reinhold Schneiders machte Carl Friedrich von Weizsäcker mit Kompetenz klar, daß Schneider in seinem sechsten Lebensjahrzehnt mit erschütternder Wucht «die Wandlung, ein moderner Mensch zu werden», zu leisten hatte. Schneider sah nun – wie die indischen Denker – «die beiden Gesichter Gottes, des Erhalters und des Zerstörers ... In diesem Anblick, den er nicht auflösen konnte, ist er gestorben.» Eine Entwurzelung fand statt, eine Entbergung, das Erlebnis der Zweideutigkeit. Sämtliche Garanten des Lebens verloren ihre Zuverlässigkeit, ihre Unverbrüchlichkeit. «Vielleicht», trug Schneider in sein Tagebuch ein, «ist die Erkenntnis, daß etwas getan werden muß, was nicht getan werden kann, der wesentliche Gehalt unserer Zeit. Wir sind dort, wo Geschichte, wo gläubige Existenz in der Geschichte ad absurdum geführt wird; wo der Kranke sich seine Krankheit eingestehen muß. Wir müssen leidenschaftlich das erstreben, woran wir im Geheimen verzweifelt sind.»

Schneider hielt nur aus, was er in den Museen empfand, indem er regelmäßig die Operette besuchte: «Warum sollte ich nicht gestehen, daß sie mein Trost ist? Jedes Auge weint sich einmal aus; die Trauer um meine Pläne klingt ab ... Ein melodisches Gleichnis befreit für ein paar Stunden von der Verdammnis der Geschichte.» Also Flucht? Schneiders Berührung mit dem Wiener Walzer, ganz und gar zu dieser Stadt gehörig, hat tiefere Dimensionen: Hier begegnet ihm der «Zauber des Nihilismus», ein «Nihilismus mit Herz». So konnte er sich, trotz all der bedrückenden Momente, gelegentlich «in fast seliger Übereinstimmung» mit seinem Geschick befinden. Wien «arbeitete» an ihm.

Schneider war in Gedanken, als er über den Minonitenplatz ging – auf dem Weg zu einer kleinen Feier für Max Mell, dessen Vorlesung in dem Stifter-Wort kulminieren sollte: «Mäßigung besiegt den Erdkreis.» Merkwürdig modern, überlegte Schneider, eine Zukunftsdevise. In diesem Augenblick sprach ihn Otto Hahn an. Die Begegnung traf ihn. Sie vervollständigte das Wiener Erlebnis. Hahns Bestimmung, seine Persönlichkeit beschäftigten ihn seit langem, weil «die Forscher als Regenten der Zeit, in Fesseln der Zeit, mehr als die Künstler zu sagen haben vom Menschlichen, vom Schicksal des Geistes, von Geschichte». Schneider hörte sich einen Vortrag von Hahn an: den Versuch einer Rechenschaft, persönliche Freiheit darzustellen in einer Welt, in der die Entscheidung bereits gefallen ist. «Die Forschung war nicht darauf vorbereitet, die Verantwortung für Geschichte, ihren Übergang in Geschichte anzunehmen ... Auch das Genie arbeitet heute im Steinbruch der Macht.» Die Physiker hatten wie Kinder mit dem Feuer gespielt, und es schlug empor, ehe sie es erwarteten. Sie hatten die Folgen ihrer Experimente nicht kalkuliert und anderen überlassen. Sie erschraken vor den eigenen Wirkungen. Achtzehn deutsche Atomforscher entschlossen sich mit ihrer Göttinger Erklärung, nein zu sagen zur Entwicklung von unabsehbaren Vernichtungspotentialen in ihrem Land; aber sie wußten, daß sich ihnen morgen das Ja der Tausende entgegenstellen würde. Um dies Dilemma, daß die Wissenschaft, womöglich in bester Gesinnung betrieben, unterderhand zum Feind des Menschen werden könne, ging es in Hahns Vortrag. «Die Zuhörer spüren», hält Schneider noch am selben Abend fest, «daß es sich nicht um einen Vortrag handelt, sondern um ein Ereignis. Während sie danken, packt der Redner, über einen Stuhl gebeugt, die Tafeln, die ihm zum Vortrag dienten, sorgfältig in seine Mappe: Macht und Unmacht des Geistes, Macht und Unmacht des Gewissens, und also: Persönlichkeit. – Ein junger Autogrammjäger, dem es gelang, ins Künstlerzimmer zu dringen, stellt die naive Frage, ob denn nicht auf die Botschaft Christi der Friede der Welt gegründet werden müsse, ob der Friede nicht aus ihr folge? Otto Hahn läßt sich nicht darauf ein; er weist den Frager an mich. Aber auch ich lasse mich nicht darauf ein: Christus ist nicht der Ordner der Welt. Er ist unsere tödliche Freiheit ...»

Dieser Freiheit entspricht Schneiders spätes Gefühl der Verpflichtung, mit allem, was ihm möglich ist, «den Willen zum Diesseits zu stärken». Er will mit der Kraft, die ihm verblieb, daran mitwirken, daß unser «Gewissen immer feinfühliger wird, harmonisch klingend wie ein gut gestimmtes Instrument». Wird das Gewissen «nicht gehört, so erkrankt alles Leben». Den Menschen ist so viel Verantwortung anzuvertrauen wie noch nie. Das Korrelat zu der Freiheit, die tödlich sein kann, heißt Wagnis. Anstelle der bekannten Tapferkeit zum Kriege bedarf es einer unbekannten, kühneren Tapferkeit zum Frieden. Man muß das Risiko eingehen, nicht schon heute recht zu haben, sondern, wenn überhaupt, in unbekannter Zukunft. «Es ist nirgendwo verbrieft, daß die gute Sache siegen wird. Das ändert nichts daran, daß sie vertreten werden muß.» Wir müssen uns endlich auf eine Verheißung einlassen, auf ein An-Gebot, das selber Gewähr für das ist, was wir bisher dem Gewehr zugetraut haben. In der Sprache könnte man die Haltung gegenüber dieser gefährlichen Freiheit auch «Gehorsam» nennen, Gehorsam, der nicht der Angst vor dem Ungehorsam entspringt, der auch nicht Unterwerfung und Selbstaufgabe, sondern der der Mut ist, historische Erfahrung zu transzendieren und die Voraussetzung dafür zu schaffen, daß *ein Versprechen* eingelöst wird. «Oft ist gesagt worden, der Verzicht auf Waffen fordere den Krieg heraus und lasse die Verzichtenden des Mordes schuldig werden; aber wir wissen mit Bestimmtheit nur, daß wir nicht töten sollen, nicht, wie die Geschichte unsere Gewaltlosigkeit beantworten wird.»

Dietrich Bonhoeffer

«Wunschlosigkeit ist Armut»

Am 4. Februar 1906 wurden Dietrich Bonhoeffer und seine Zwillingsschwester Sabine geboren. Die Eltern, Paula Bonhoeffer, mit dem Mädchennamen von Hase, und Karl Bonhoeffer, Professor für Psychiatrie und Neurologie, lebten damals in Breslau. Der Stammbaum jedoch weist kaum auf schlesische, vielmehr auf kräftige schwäbische, dazu auf thüringische und auf preußische Wurzeln hin. Dietrich und seine sieben Geschwister wuchsen in einer familialen Kultur auf, die sie sehr geprägt hat. Der Vater mag ein fast zu bestimmendes Wesen gehabt haben. Aber statt sie zu beengen, haben die Gewohnheiten, die Regeln, die Formen, mit denen die Bonhoeffers groß wurden, ihnen einen Lebensstil sympathischer Unbefangenheit, Unabhängigkeit und Überlegenheit vermittelt.

Dietrich Bonhoeffer war, was man einen Mann von Welt nennt. Er hatte einen sicheren Geschmack, wählte seine Kleidung mit Sorgfalt, wußte sich in jeder Gesellschaft zu benehmen, war belesen, musikalisch, ein Globetrotter und ein Gourmet. Gleichwohl wohnte er in Berlin im Wedding und unterrichtete aus freien Stücken die Kinder des Proletariats. In Sachen der Politik wie des Glaubens war er streng, unerbittlich, geradezu monastisch und ohne Spur von Opportunismus. Gleichwohl waren pfäffische Manieren und dogmatische Abstraktionen ihm fremd, und trotz seiner Solidarität mit den Wortführern der Bekennenden Kirche hegte er eine unverhohlene Antipathie gegen den Kampf- und gelegentlichen Krampfgeist in der Dialektischen Theologie, deren Meriten für die damalige Stunde unbestritten sind, in deren Atmosphäre ein Bonhoeffer jedoch nicht tief genug Luft holen konnte. Den mannigfachen Einordnungen in Klischees, die man sich von Bonhoeffer zu machen pflegte und pflegt, entsprach er nie. Aber er widersprach ihnen auch nicht. Er hielt sie nicht für der Rede wert und ging unbekümmert seiner Wege.

Am 9. April 1945 wurde Bonhoeffer, wenige Momente vor dem Ende der Herrschaft Hitlers, im Konzentrationslager Flossenbürg hingerichtet. Zuvor hatte man ihn mit einer Gruppe international zusammengesetzter Mitgefangener von einem Gefängnis ins andere überführt, offenbar unsicher, was angesichts der näherrückenden Fronten der Alliierten mit den Häftlingen zu geschehen habe. Die Freilassung stand unmittelbar bevor. Da wurde der Gefangenentransport von einem Sonderkurier eingeholt, der ihm mit Anweisungen aus Berlin gefolgt war. Bonhoeffer – mit ihm Canaris, Oster und wenige andere – wurde aufgerufen. Er wußte, was das zu bedeuten hatte. Er verabschiedete sich von einem englischen Freund mit den Worten: «Das ist das Ende. Für mich der Beginn eines neuen Lebens.»

Das war ohne Kanzelpathos gesprochen. Von einem Mann, der des Lebens nicht müde und nicht überdrüssig war. Er liebte das Leben, das Lebendige, alles, was wächst und blüht und gedeiht. Er fühlte sich dem Diesseits, dem Augenblick verwachsen und verpflichtet und hat Vertröstung auf eine andere, eine jenseitige Welt niemals für eine redliche Möglichkeit gehalten. Ich kenne keine ernsthaftere und weitergehende Infragestellung herkömmlichen Kirchen- und Christentums als die Dietrich Bonhoeffers. Dennoch konnte er mit einer Souveränität ohnegleichen unbrauchbar gewordenen Traditionen einfach das abgewinnen, was er für den Ausdruck seiner eigenen Frömmigkeit brauchte und was er mit einer solchen Selbstverständlichkeit zu neuem Sinn brachte, daß es auf seine Umgebung gleichermaßen anschaulich und ansteckend wirkte. Der Lagerarzt von Flossenbürg erzählt, daß er – nicht ahnend, um wen es sich handelte – durch einen Türspalt einen knienden Häftling erblickte. Es war noch vor dem Morgengrauen am Tag der Hinrichtung Bonhoeffers. Die Ruhe und Ungebeugtheit dieses «ungewöhnlich anziehend» erscheinenden Mannes, berichtet der Arzt, «hat mich aufs tiefste erschüttert. Auch an der Richtstätte selbst betete er noch kurz und bestieg dann mutig und gefaßt den Galgen. Der Tod erfolgte nach wenigen Sekunden.» Er habe in seiner fast fünfzigjährigen ärztlichen Tätigkeit kaum je einen Menschen so bewußt, so klar, so angstlos sterben sehen.

Wie sein Bruder Klaus Bonhoeffer, sein Vetter Hans von Dohnany und sein Schwager Rüdiger Schleicher, so starb auch Dietrich wegen Landesverrats. Nicht – wie etwa Paul Schneider – als

«Märtyrer». Während der Jahre nach dem Krieg wurde mehrfach der Vorschlag abgelehnt, Schulen oder Straßen oder Gemeindehäuser nach ihm zu benennen. Er hatte sich ziemlich früh in der Widerstandsbewegung gegen den Nationalsozialismus engagiert. Anfang des Krieges wurde er als Geheimagent, als sogenannter V-Mann, angestellt, um vor den Belästigungen der Gestapo einigermaßen geschützt zu sein und mit Papieren und im Auftrag der Abwehr ins Ausland reisen und seine internationalen Erfahrungen und Beziehungen nützen zu können. Bonhoeffer erhielt den Auftrag, englische Politiker durch die Vermittlung des einflußreichen Bischofs von Chichester, George Bell, über die Umsturzabsichten und über die Namen einer neuen deutschen Regierung zu unterrichten. Seine Sorge ging über Hitler weit hinaus. Er befürchtete – als Folge der Kriegspolitik der Alliierten – jene Spaltung Europas, die später (von Konrad Adenauer begünstigt) tatsächlich eintrat, und war leidenschaftlich interessiert, ihr vorzubeugen. Eine zentrale Figur in dem geheimen Informationsaustausch war Willem A. Visser 't Hooft in Genf, der in engem Kontakt mit Adam von Trott und Helmuth James von Moltke und Dietrich Bonhoeffer stand – drei weitblickenden Männern, die untereinander aus Sicherheitsgründen kaum Kontakt haben durften, die aber nicht bloß ein gleiches Schicksal hatten, sondern bei denen man nachträglich ein solches Maß an geistiger wie politischer Übereinstimmung feststellen kann, daß einem beim Vergleich bewußt wird, wie genau Hitler seine Gegner erkannt und bis zum letzten Atemzug verfolgt hat. Er hat gründliche Arbeit geleistet. Was es damals – namentlich bei Moltke und Trott – an Keimen für eine soziale Demokratie gab, eilt allem, was wir inzwischen verwirklicht haben, voraus. Sucht man Maßstäbe etwa in Moltkes Konzept einer partizipatorischen, das heißt Mündigkeit implizierenden Demokratie und wirft dann einen Blick auf unsere bestenfalls delegatorische Demokratie, so gehen einem die Augen dafür auf, daß man in einem Entwicklungsland lebt. Wir haben den äußeren Wiederaufbau (schon dieser Begriff hat ja einen restaurativen Akzent) Hals über Kopf dermaßen forciert, daß wir für einen inneren Wiederaufbau oder sagen wir besser: für einen veritablen *Neubau* zunächst einmal keine Zeit und danach – als die Frage nach der Qualität des Lebens zu stellen begonnen wurde – längst gar kein Interesse mehr hatten.

Die diversen Chancen, der ihm drohenden Gefahr zu entkommen, hat Bonhoeffer ausgeschlagen. Von seinen zahlreichen Auslandsaufenthalten kehrte er, entgegen wohlwollendem Freundesrat, stets in die Höhle des Löwen zurück. Emigration, mühelos möglich für ihn und nicht selten erwogen, hätte die Arbeit im Widerstand ausgeschlossen, und Bonhoeffer hat Christsein einmal definiert als die Bereitschaft, auf Privilegien zu verzichten und sich für das jeweils

Notwendige zur Verfügung zu halten. Kaum jemand, der «heute am christlichen Credo sein Geld verdient», verbindet damit die Vorstellung, das sei lebensgefährlich – schrieb mir Eugen Rosenstock-Huessy in einem Brief zwanzig Jahre nach dem 20. Juli 1944: «Das wissen nur Menschen wie mein Freund Moltke oder Pfarrer Bonhoeffer, die zutiefst Laien sind, Weltchristen, ganz und gar vertraut mit dem Stoff, aus dem die Geschichte gemacht ist.»

Dieser Laie, der Theologe war, scheute die Konspiration nicht. Er, der immer ein Nicht-Militarist war, wurde später erklärtermaßen Pazifist. Doch der Egoismus des Bedürfnisses, seine Hände in Unschuld zu waschen, war ihm zuwider. Das Risiko kann man nicht umgehen, man muß mit ihm umgehen. Die Konflikte, in die jeder Pazifismus in einer anders gearteten Welt gerät, spitzten sich bei der Wahl zwischen den Übeln, die Bonhoeffer zu treffen hatte, unweigerlich zu. Wer Gewalt überwinden will, begibt sich in ihre brisanteste Nähe.

Wie konnte Hitler mit seinem Terror *über uns* kommen, so wird oft gefragt. Aber eigentlich müßte die Frage lauten: Wie konnte er *aus uns* heraus kommen? Hitler war nicht nur auf Opfer, sondern er war vor allem auf Helfershelfer angewiesen. Zwar galt er als der Führer, als der Retter, der «von oben» erschien und als starker Mann Lösung, ja *Er*lösung versprach und *End*lösung brachte. Andererseits ist er «von unten» projiziert und produziert worden. Er war ein Erzeugnis von Erwartungen und Verhältnissen. So gesehen, dürfte in der Politik der starke Mann nicht selten ein schwacher Mann sein. Er ist Exponent und Reflex einer Masse, deren Applaus ihn bestätigt. Hitler war ungeeignet, ohne Beifall eine Idee oder Vision zu entwickeln und zu propagieren. Sein Gefühl der Macht ergab sich aus der Reaktion derer, auf die er einwirkte. Aus einer Wechselbeziehung zwischen Führer und Geführten ließ Hitler sich beauftragen, die eigene Schwäche sowie die Schwäche anderer dermaßen ins Gegenteil zu übersteigern, daß dabei jegliche Angemessenheit an die Wirklichkeit verlorenging. Hitler war nicht der abstoßend eindrucksvolle Demagoge von Format, als der er gern gekennzeichnet wird, sondern eher die Verkörperung mediokren Spießertums. Er wäre wahrscheinlich irre, an sich selber irre geworden, wenn er nicht in der hellsichtigen Erkenntnis, einer von vielen zu sein, deren Sprecher geworden wäre und damit einen Massenaufbruch verursacht hätte, der ihm, dem Versager, ungeahnte Energien, Befriedigungen und Befähigungen einflößte.

Der Widerstand gegen diesen Hitler hat so wenig ausgerichtet, weil er mehr zu leisten hatte als etwa nur die Beseitigung dieses einen Mannes. Der Widerstand war ein Kampf einzelner gegen eine «Bewegung». Ihm fehlte die Basis. Bonhoeffer war einer der ersten, die diesen Sachverhalt durchschauten. Gern hätte er auf die Kirche als

Trägerin breit angelegten Widerstands seine Hoffnung gesetzt. Aber er fand in ihr nicht nur eine wackere Opposition, sondern auch eine offensichtlich attraktive Glaubensbewegung namens «Deutsche Christen», die sich die «SA Jesu Christi» nannte. Bei den Kirchenwahlen des Jahres 1933 gelang es den Deutschen Christen mit Hilfe des nationalsozialistischen Propagandaapparates überall in Deutschland (mit Ausnahme Westfalens), deutliche Mehrheiten zu gewinnen. Bald darauf waren die Synoden, die Kirchenleitungen und die Verwaltungen der meisten Landeskirchen in ihren Händen. So konnte bereits Anfang September von der Generalsynode der Altpreußischen Union und später auch von weiteren Synoden das «Gesetz über die Rechtsverhältnisse der Geistlichen und Kirchenbeamten» verabschiedet werden, das die Rassenpolitik des Staates für die Kirchenorganisation widerspiegelte. § 1, Absatz 2: «Wer nicht arischer Abstammung oder mit einer Person nicht arischer Abstammung verheiratet ist, darf nicht als Geistlicher oder Beamter der allgemeinen kirchlichen Verwaltung berufen werden ...» Dieser Arierparagraph sollte nur ein erster Schritt auf dem Wege zu einer «judenreinen» Kirche, zu einer völligen «Entjudung der Gemeinde» sein. Was sich hier in weiten Teilen der Kirche zugetragen hat, war geeignet, das für viele von uns heute kaum noch begreifliche Klima vorzubereiten, das dann den Holocaust ermöglichte.

Nicht erst die kirchliche, bereits die staatliche Ariergesetzgebung im Frühjahr 1933 hatte Bonhoeffer zur Formulierung scharf analysierender Thesen über die politischen wie über die theologischen Folgen veranlaßt. Die Judenfrage ernannte er zum Kernproblem der bevorstehenden Auseinandersetzungen. Keineswegs beschränkte er sich – wie die meisten seiner Kampfgenossen in der Bekennenden Kirche – auf die Frage der Mitgliedschaft von Judenchristen in der evangelischen Kirche, sondern seine Angriffe bezogen sich auf einen Staat, der seine Grenzen verlassen hatte und dessen totalitäre Tendenzen allenthalben zum Vorschein kamen. Bonhoeffer erwartete von der Kirche, daß ihr Gebet nicht mehr nur ein Akt, sondern eine Aktion sei. Die Zeit werde kommen, so schrieb er, in der es nicht genüge, «die Opfer unterm Rad zu verbinden», wenn ein Auto auf dem Kurfürstendamm auf die Fußgänger zurase, vielmehr müsse man dem Rad in die Speichen fallen, um das Unglück zu verhindern. «Wir dürfen nicht gregorianisch singen, wenn um uns herum die Ausrottung der Juden eingeleitet wird», rief Bonhoeffer. Dieses Thema drängte sich bis in seine persönlichsten Entscheidungen vor. Seine Schwester Sabine heiratete den jüdischen Rechtsgelehrten Gerhard Leibholz. Als dessen Vater am 11. April 1933 starb, hätten die Verwandten gern gesehen, daß Dietrich ihn beerdigt. Er bat den zuständigen Generalsuperintendenten um dessen Einwilligung, ließ sich allerdings abraten, zu diesem Zeitpunkt die Trauerfeier für einen Juden zu übernehmen. Wenige Monate später schrieb Bonhoeffer seinem Schwager: «Es quält mich jetzt ..., daß ich damals Deiner Bitte nicht ganz selbstverständlich gefolgt bin. Ich verstehe mich offen gestanden selber gar nicht mehr. Wie konnte ich damals so ängstlich sein? Ihr habt es gewiß auch nicht verstanden und mir nichts gesagt. Aber mir geht es nun nach, weil es gerade etwas ist, was man nie wieder gut machen kann. Also ich muß Euch jetzt einfach bitten, mir diese Schwäche zu verzeihen und mir dabei zu helfen, daß sich so etwas bei mir nicht wiederholt.»

In jüngeren Jahren hatte Bonhoeffer das Verhältnis der Kirche zur Politik einmal mit dem Ausdruck «Desinteressement» beschrieben. Später hat er diesen Begriff nicht allein bedauert, sondern geradezu «frivol» genannt. Er hat dann, mit seiner Teilnahme an der Verschwörung gegen Hitler, eine Stellung eingenommen, die offizieller protestantischer Auffassung in keiner Weise entsprach. Für sein Verhalten gegenüber der «Obrigkeit» hätte er gewiß keine Rechtfertigung aus moraltheologischem Repertoire herleiten und beanspruchen können. Er sezierte und kritisierte die Unzulänglichkeit, ja die Gefährlichkeit einer religiösen Mentalität, die im Dispens von Weltverantwortung gipfelt. Hat die Kirche nur zu trösten, Zuflucht zu bieten und gut zuzureden? Hat sie nur die aufzulesen, die unter die Räuber gefallen sind, oder hat sie an Verhältnissen mitzuarbeiten, in denen es weniger Bedrohungen gibt? Müßte die Kirche nicht initiativ sein, Krisenherde aufspüren, Unrecht bekämpfen, Frieden modellieren? Will sie nur Hungrige sättigen, noch pointierter: *Braucht* sie sie womöglich zur Bestätigung ihres Daseinssinns als berufenes Organ von Caritas, oder will sie Hunger überwinden, indem sie zur Herstellung gerechterer politischer Ordnungen beiträgt? Ist sie nur Thermometer oder auch Thermostat? Ist sie ökumenisch allein in dem Sinne, daß sie ihre Mission an der «ganzen bewohnten Erde» orientiert, oder auch in dem Sinne, daß sie mit all ihren Aktivitäten darauf hinwirkt, daß aus der ganzen bewohnten eine *bewohnbare* Erde werde? Aus solchen Fragen (die ich absichtlich mit eigenen, nicht mit Bonhoeffers Worten ausdrücke) entstanden erste Hinweise auf eine revolutionär neue Sicht von Mensch und Welt. Sie sind vor allem enthalten in «Widerstand und Ergebung», den während der Haftzeit niedergeschriebenen Aufzeichnungen, die in ihrer Dichte und in ihrer Unbestechlichkeit den Pensées von Pascal nicht nachstehen. Sie sind das Dokument unserer Zeit für die immer schon gültige Erfahrung, daß Theologie erst erheblich wird in dem Moment, in dem die Wahrheits*behauptung* durch die Wahrheits*suche* abgelöst wird. «Widerstand und Ergebung» ist bezeichnenderweise kein Brevier; es ist eine Sammlung von Abbreviaturen.

Was hat sich bei Bonhoeffer angebahnt? Ihm ging auf, daß Mensch und Welt früheren Bevormundungen entwachsen sind. Man beginnt, auf eigenen Füßen zu stehen. Die Säkularisierung ist nicht eine vorübergehende Phase nur, sie ist das Ergebnis eines mächtigen Prozesses, in dem alle Kulturen ihre religiösen Grundlagen eingebüßt und die bestehenden Formen der Gesellschaft eine tiefgreifende Entsakralisierung erfahren haben. Der Mensch ist «mündig» geworden. Für Verantwortungslosigkeit, für Weltuntüchtigkeit, für Infantilismus kann Religion ihm kein Alibi mehr liefern. Es lag Bonhoeffer fern, diesen Vorgang zu verharmlosen. Er hat ihn nicht so unbedenklich begrüßt wie viele seiner Interpreten. Eine Theorie der Säkularisation, die man seinen aphoristischen Schriften meinte entnehmen zu können, hat er selbst so nicht vorgezeichnet. Ihr werden immer mehr begründete Einwände oder Verfeinerungen entgegengehalten. Man wird sie zu beachten und zu besprechen haben. Bonhoeffer hat mehr Fragen als Antworten hinterlassen. Aber in einem Punkte wird man sich auf ihn berufen können: Die momentane Wiederkehr der Sehnsucht nach Religion und Religiosität hätte zumindest seinen Verdacht, wahrscheinlich seinen Einspruch ausgelöst. Er hätte sie vermutlich gedeutet als Regression, als Heimkehr in eine Haltung genießerischer Unmündigkeit, als die Neigung, wieder und wieder vor den Anforderungen des Erwachsenwerdens und der Aufklärung in die Idolatrie zu fliehen. In der Kirche wird die religiöse Konjunktur gelegentlich händereibend registriert als der warnend angekündigte Zusammenbruch eines hybriden Übermuts und als längst fälliges Zugeständnis menschlicher Unzulänglichkeit, die auf Hilfe von außen, sprich: von oben angewiesen ist.

Ich möchte die Unsicherheiten und Übergänge, welche die Menschen zur Stunde erleben und die Regungen und Bedürfnisse mit sich bringen, für die sich die Bezeichnung «Religion» anbietet, nicht vereinfachen. Daß nach einer Phase allgemeiner Intellektualisierung eine Phase der Emotionalisierung kommen mußte, war vorauszusehen. Aber wir müssen unterscheiden. Gehen wir vorwärts oder rückwärts? Den meisten Strömungen, die wir in diesem Zusammenhang beobachten, dürfte eine Ängstlichkeit zugrunde liegen, die Sorge, mehr zu verlieren als zu gewinnen. Ein Verlangen nach Nestwärme regt sich. Dem Menschen eignet eine obstinate Tendenz zum Versteckspiel. Er schaut nur blinzelnd in das Licht der Welt und bevorzugt das Halbdunkel. Er fürchtet das Wissen mehr als das Nichtwissen. So wird Vernunft, die womöglich etwas mehr Helligkeit, etwas mehr Klarheit bringt, immer neu verweigert und verunglimpft. Gegen den heute sich ereignenden Rückfall in eine Vorstufe des Rationalismus hat Albert Schweitzer bereits in den zwanziger Jahren zur Vernunft gerufen: «Ich wage unserem Geschlecht zu sagen, daß es nicht meinen soll, mit dem Rationalismus fertig zu sein, weil der bisherige zuerst der Romantik und dann einer auf dem Gebiet des Geistigen wie des Materiellen zur Herrschaft kommenden Realpolitik Platz machen mußte. Wenn es alle Torheiten dieser Realpolitik durchgemacht hat und durch sie immer tiefer in geistiges und materielles Elend geraten ist, wird ihm zuletzt nichts anderes übrig bleiben, als sich einem neuen Rationalismus, der tiefer und leistungsfähiger ist als der vergangene, anzuvertrauen und in ihm Rettung zu suchen.» Das ist der Kontext, in dem Bonhoeffers Begriff von der Mündigkeit zu suchen und zu erklären ist. Mündigkeit ist nicht schon erreichtes, sondern dauernd erstrebtes Ziel des Menschen: Aufgabe von Erziehung. Er kann nicht länger Kind bleiben, so gern er es möchte. Religion als Entlastung von Selbständigkeit, als Rechtfertigung von Unreife, als Einladung zur Unterwerfung unter irrationale Autoritäten ist nicht nur antiquiert, sondern sie richtet Unheil an. Im Banne seiner Religion kann der Mensch zum Gefahrenfaktor Nummer eins in unserer Welt werden.

Bonhoeffer hat die Verweltlichung der Welt nicht als Dechristifikation beklagt oder verklagt; er hat in dieser Entwicklung mit all ihren unleugbaren Wachstumskrisen zugleich Wirkungen einer jüdisch-christlichen Überlieferung angenommen, und statt aus dieser (sicherlich ambivalenten) Geschichte auszusteigen, hat er sich couragiert in ihr betätigt und Partei ergriffen für jene Kräfte in ihr, die dem Ziel einer menschlicheren Menschheit zuspielen. Es gibt eine Bemerkung von Walter Benjamin, die man ganz gut auf Bonhoeffer anwenden kann und die sein Bewußtsein ziemlich genau beschreiben dürfte: «Es besteht eine geheime Verabredung zwischen den gewesenen Geschlechtern und unserem. Wir sind auf der Erde erwartet worden. Uns ist wie jedem Geschlecht, das vor uns war, eine schwache messianische Kraft mitgegeben, an welche die Vergangenheit Anspruch hat.» Man muß, will man Bonhoeffer näherkommen, auf das prophetisch-politische Element in seinem Denken und Handeln achten. Man lese nur einmal die betont einseitige Friedensansprache von Fanö nach, die er als Achtundzwanzigjähriger gehalten und in der er die verhängnisvolle Verwechslung von Frieden und Sicherheit angeprangert hat: Friede «muß gewagt werden», er «ist das Gegenteil von Sicherung». Er war seinen Gefährten um etliche Nasenlängen voraus. Im Gegensatz zum amtlichen Kirchentum, das, statt Glauben als Relativierung des Bestehenden zu praktizieren, im Kult des Tatsächlichen verharrt, war Bonhoeffer stets angestiftet von einer – wie Eberhard Bethge sagt – «unersättlichen Neugierde für jede neue Wirklichkeit». Wunschlosigkeit sei Armut, hat er gemeint. Er setzte seine Phantasie, sein Wunsch-Denken gegen das angeblich Unabänderliche ein. Die viele Christen und die nach ihnen benannte Politik charakterisierende Welt- und Menschenverachtung, der Glaube oder vielmehr: der Antiglaube, der Mensch und die Welt seien unveränderlich und vor allem unverbesserlich, die

Mutlosigkeit, mit der jeglicher Enttäuschung vorgebeugt und auf Erwartungen von vornherein verzichtet wird, der Mangel an Bereitschaft zu scheitern – dieser lähmende «Realismus», diese unkritische Akzeptation des Augenscheins hat Bonhoeffer verabscheut. Es gibt nicht nur eine Flucht *vor* den Tatsachen (um sie nicht bewältigen zu müssen), es gibt auch eine Flucht *in* die Tatsachen (um sie nicht durch andere ersetzen zu müssen). Bonhoeffer wünschte sich weder das weltflüchtige noch das weltsüchtige, sondern ein welttüchtiges Christentum.

Zwischen Dachziegeln verborgen, von der Gestapo unentdeckt, fand sich nach dem Krieg eine Notiz von Bonhoeffer, die um die Jahreswende 1942/43 entstanden war, in einer Zeit also, in der zu leichtfertigen Äußerungen wenig Anlaß bestand: «Es ist klüger, pessimistisch zu sein: vergessen sind die Enttäuschungen, und man steht vor den Menschen nicht blamiert da. So ist Optimismus bei den Klugen verpönt. Optimismus ist seinem Wesen nach keine Ansicht über die gegenwärtige Situation, sondern er ist eine Lebenskraft, eine Kraft der Hoffnung, wo andere resignierten, eine Kraft, den Kopf hoch zu halten, wenn alles fehlzuschlagen scheint, eine Kraft, die die Zukunft niemals dem Gegner läßt, sondern für sich in Anspruch nimmt. Es gibt gewiß auch einen dummen, feigen Optimismus, der verpönt werden muß. Aber den Optimismus als Willen zur Zukunft soll niemand verächtlich machen, auch wenn er hundertmal irrt; er ist die Gesundheit des Lebens, die der Kranke nicht anstecken soll. Es gibt Menschen, die es für unernst, Christen, die es für unfromm halten, auf eine bessere irdische Zukunft zu hoffen und sich auf sie vorzubereiten. Sie glauben an das Chaos, die Unordnung, die Katastrophe als den Sinn des gegenwärtigen Geschehens und entziehen sich in Resignation oder frommer Weltflucht der Verantwortung für das Weiterleben, für den neuen Aufbau, für die kommenden Geschlechter. Mag sein, daß der Jüngste Tag morgen anbricht, dann wollen wir gern die Arbeit für eine bessere Zukunft aus der Hand legen, vorher aber nicht.» Dieser Optimismus will Leben optimieren. Er fragt das «Wirkliche» mit einer Wünschelrute nach dem «Möglichen» ab, begnügt sich also nicht mit dem, was *ist*, sondern macht sich auf die Forschungsreise nach dem, was sein *sollte*. Erst in der «Mutmaßung» erweist sich – so Robert Musil – unser Maß an Mut.

In diesem Geist ermittelt Bonhoeffer Ansätze einer «nichtreligiösen Interpretation der Bibel». Für ihn war «Gott» nicht ein Symbol der *Ent*mächtigung, sondern der *Er*mächtigung des Menschen. Wer klein vom Menschen redet, um groß von Gott reden zu können, ist auf dem Holzweg. Divinität auf Kosten von Humanität führt zur Bestialität. Das hat Bonhoeffer mit eigenen Augen rund um sich herum gesehen. Und dabei wurde ihm bewußt, daß wir früheres Reden von Gott nicht mehr nachvollziehen können, ohne unaufrichtig zu sein. Er erkannte aber zugleich immer deutlicher, daß wir womöglich gar nicht «Gott» verloren haben, sondern ein bestimmtes Denksystem und eine ihm gemäße Sozialstruktur, in der «Gott» als Ausdruck und Vorwand unantastbarer Autorität eine bestimmte und bestimmende, den Status quo stabilisierende Rolle spielte. Immer, wenn Denksysteme und Sozialstrukturen zerrinnen, meinen wir, daß Gott uns abhanden kommt. Bonhoeffer schrieb: Den Gott, den «es gibt», gibt es nicht. Bonhoeffer hörte auf, Gott wörtlich zu nehmen. Das war sein kühnster Fort-Schritt, sein Exodus aus theologischer Konvention. Gott lasse uns wissen, so meinte er, «daß wir leben müssen als solche, die mit dem Leben ohne Gott fertig werden». Solche Sätze dürfen wir nicht entschärfen. Doch die Hurtigkeit, mit der man ihrem Autor die Patenschaft antrug für eine theologia post mortem dei, für eine Theologie nach dem Tode Gottes, hätte ihm amüsant bis absurd vorkommen müssen. Sein Interesse galt viel eher Gott nach dem Tode der Theologie. Was seine beharrliche Kritik auslöste, war nicht der Glaube, sondern der Aberglaube. Aber was das ist oder sein könnte: Glaube ohne Aberglauben, «religionsloses Christentum» – das zu beschreiben und zu betreiben ist die Theologie nach Bonhoeffer schuldig geblieben. Sie hat sich in dieser Beziehung seiner Herausforderung gänzlich entzogen.

Wie ich mich überhaupt (die Marginalie sei erlaubt) des Eindrucks nicht erwehren kann, daß die

Gottesgelahrtheit gegenwärtig etwas schwach auf der Brust ist. Mag sie sich bis vor kurzem zu spektakulär aufgeführt und mit der Pose ambulanten Prophetentums mehr Aufmerksamkeit erheischt haben, als ihr der Sache nach zukam, so prüft man sich heutzutage leicht beklommen: Wo steckt sie eigentlich? In der Klausur? Oder in der Etappe? Es gibt genügend patente, aber nicht so viele potente Theologen, eine Menge ordentlicher Professoren, aber keine Handvoll außerordentlicher Grenzgänger und Anreger, und es hat den Anschein, daß viele ihrer Themen ausgewandert sind in Bereiche, in denen sie ursprünglich nicht vorgesehen waren. Bonhoeffer, aus den Bahnen des Professionellen herausgeworfen, hat diese Rezession vorausgesagt: «Alles Denken, Reden und Handeln in Dingen des Christentums muß neu geboren werden ...» Wie es war, kann es nicht weitergehen.

Jetzt muß ich – mit der Gefahr der Mißverständlichkeit – abkürzen und meine Formulierungen fast unzulässig zuspitzen. Wir kennen innerhalb der zeitgenössischen Theologie eine durchaus beachtliche Partei, die – oft im Gespräch mit atheistischer Philosophie – so etwas wie eine *Religion ohne Gott* proklamiert. Für Bonhoeffers tastende, «ins Unreine» gedachte, sehr unabgeschlossene und keinesfalls dogmatisierbare Erwägungen würde ich eher die gegenteilige Überschrift wählen: *Gott ohne Religion*. Gott war, soweit ich sehe, nie Anlaß oder Gegenstand seines Zweifels. Bonhoeffer war kein Hiob. Gott war für ihn Grund des Lebens, Grund des Liebens, Grund der Hoffnung, Grund der Überzeugung, daß Glaube nicht Einweihung ins Jenseits, sondern Einweisung ins Diesseits ist. Bonhoeffers Ablehnung des Theismus machte noch keinen Atheisten aus ihm. Vielmehr bedeutete für ihn die «Entwicklung zur Mündigkeit der Welt, durch die mit einer falschen Gottesvorstellung aufgeräumt wird», daß endlich der Blick frei wird für den «Gott der Bibel, der durch seine Ohnmacht in der Welt Macht und Raum gewinnt». Indem Gott als «Arbeitshypothese» und «Lückenbüßer» funktionslos geworden ist, kündigten sich bei Bonhoeffer in vagen Umrissen ganz andere Möglichkeiten des Verständnisses Gottes im Sinn eines Interpretaments der Wirklichkeit an. Nicht trotz, sondern eben wegen der Vor-Läufigkeit seiner letzten Reflexionen («... gerade das Fragment kann ja auch wieder auf eine menschlich nicht mehr zu leistende höhere Vollendung hinweisen») nehme ich an, daß er ein Dialogpartner hätte werden können für nichttheistische Denker wie Albert Einstein oder Erich Fromm oder Ernst Bloch oder Milan Machovec oder Simone Weil. Thema des Gesprächs wäre möglicherweise der «Menschensohn» (das aramäische Wort barnascha bedeutet einfach Mensch) gewesen. Das Ergebnis der fast zwei Jahrtausende langen Überhöhung zu dem Christus totus ist ein toter Jesus. Aber außerhalb christlicher Tradition bildet sich eine neue Sprache und mit ihr die Zuversicht, nicht verstummen zu müssen. Was heißt es, fragt Bonhoeffer, «wenn der Proletarier in seiner Welt des Mißtrauens sagt: Jesus war ein guter Mensch? Es heißt, daß man zu ihm kein Mißtrauen zu haben braucht. Der Proletarier sagt nicht: Jesus ist Gott. Aber mit dem Wort von dem guten Menschen Jesus sagt er jedenfalls mehr, als wenn der Bürger sagt: Jesus ist Gott. Gott ist für ihn etwas, was der Kirche angehört. Aber in den Fabrikräumen kann Jesus gegenwärtig sein als der Sozialist; in der politischen Arbeit als der Idealist; im proletarischen Dasein als der gute Mensch. In ihren Reihen kämpft er mit gegen den Feind, den Kapitalismus.»

In Bonhoeffer wuchs, wie wir wissen, eine Aversion gegen alles «Religiöse»: «... oft bis zu einem instinktiven Abscheu – was sicher auch nicht gut ist. Ich bin keine religiöse Natur.» Er fühlte sich «häufig mehr zu den Religionslosen als zu den Religiösen» hingezogen, «und zwar durchaus nicht in der Absicht der Missionierung, sondern ich möchte fast sagen ‹brüderlich› ... Wenn die andern in religiöser Terminologie zu reden anfangen, verstumme ich.» «Die Attacke der christlichen Apologetik auf die Mündigkeit der Welt halte ich erstens für sinnlos, zweitens für unvornehm, drittens für unchristlich.» Aber an Gott – so kann Bonhoeffer hinzufügen – muß er immerfort denken: An Echtheit, an Leben, an Freiheit und Barmherzigkeit liege ihm viel. Und seinen Kritikern nimmt er die Einwände ab: «Ich weiß, daß ich nur meine eigenen Bücher aufzuschlagen brauche, um zu hören, was sich gegen dies alles sagen läßt ... Aber da ich glaube, daß jetzt ein Knoten platzen soll, lasse ich den Dingen ihren Lauf und setze mich nicht zur Wehr.»

Als Bonhoeffer zum Henker kommandiert wurde, konnte er keinen Punkt hinter sein Denken setzen. Er wurde in einem Prozeß unterbrochen. Ich möchte vermuten, daß ich – wenn ich auf seiner Spur bleiben will – die Richtung zu einem radikalen Humanismus einzuschlagen habe. Dieser Humanismus läßt die Fiktionen und Illusionen, in die die Religion den Menschen einbindet und einbildet, hinter sich. Dieser Humanismus mutet dem Menschen die permanente Bemühung um die Wahrheit, die frei macht, zu, bringt Tageslicht in die Schlupfwinkel, in denen er sich zu verstecken sucht, beraubt ihn seiner Götzenbilder, setzt ihn dem Alleinsein, dem Selbstsein, dem Vertrauen auf *die* Impulse aus, die im Menschengeschlecht selber zur Wirkung gelangen müssen, und werden sie hier nicht effektiv, so haben sie keine Realität. Demgemäß versteht Bonhoeffer auch die Auferstehung nicht als Annoncierung eines Geschehens, das wir hienieden nicht erleben werden, sondern als Einwirkung einer Dimension, die hoffen macht, die frischen Wind in unsere Segel schickt und die die geschichtliche Wirklichkeit in Richtung auf eine größere Lebendigkeit verwandelt. Mag sein, daß damit nicht alles gesagt ist, was über Ostern zu sagen wäre.

Aber sicher ist erst recht nicht alles über Ostern gesagt, wenn dies – wie üblich – nicht gesagt wird. Auferstehung ist nicht Rückgängigmachung der Menschwerdung, sondern ihre Kulmination: Freigabe der Zukunft durch Hinwegsetzung über das Todesurteil des Status quo.

In der Konsequenz dieses radikalen Humanismus ergibt sich – diesen Zusammenhang gilt es zu erkennen – eine skeptische Einstellung gegenüber jeder Legitimierung und Anwendung von Gewalt, und zwar genau deshalb, weil es in der menschlichen Geschichte die Gewalt, das heißt die Erzeugung von Furcht, war und ist, die den Menschen veranlaßt hat, die Fiktion als Tatsache, die Illusion als Wahrheit anzunehmen. Es war die Gewalt, die den Menschen unfähig zur Selbständigkeit, zur Mündigkeit, zur Gleichheit und Brüderlichkeit gemacht und sein Denken verunklart und seine Gefühle verzerrt hat. Gewalt und Freiheit schließen sich aus. Gewalt ist prinzipiell autoritär. Sie steht der Emanzipation im Weg. So korrespondiert *Gewaltfreiheit mit Mündigkeit wie Gewalt mit Unmündigkeit*.

Damit sind wir bei den Gründen des Pazifismus. Er verdankt sich einer neuen Aufmerksamkeit für den Menschen. Der Pazifismus hat eine offene politische Anthropologie zur Grundlage. Für ihn ist der Mensch noch nicht an seinem Ende. Er ist, er bleibt unfertig. Pazifismus setzt auf die Chancen der Erziehung. Er riskiert einen Vorschuß auf die Lernfähigkeit und -willigkeit des

Menschen, auf seine unerschlossenen, ungelebten Intelligenz- und Liebesreserven. Der Pazifist ist als Politiker Pädagoge. Politik ohne den Optimismus der Pädagogik entpuppt sich bei kritischer Betrachtung als ein Handwerk von Zynikern. Statt Zukunft zugunsten des Menschen zu *entwerfen*, haben sie sie, im Namen des Realismus, bereits *verworfen*, indem sie lediglich Vergangenheit verlängern. So eine Politik kann der Gewalt freilich nicht entraten. *Der Gewalt entspricht die Hoffnungslosigkeit wie der Gewaltlosigkeit die Hoffnung*.

Dietrich Bonhoeffer witterte ein Christentum, das nicht machtvoll, sondern vollmächtig, das nicht wehrhaft, sondern wahrhaft, das nicht integral, sondern radikal ist. Bei seiner Suche nach diesem Christentum, das die Christen nicht mehr behindern, geriet er an Gandhi. Er hat seine Kategorien eben nicht ausschließlich aus dem bekannten christlichen Denkhorizont bezogen, sondern weil für ihn die Bergpredigt, über die er eines seiner dichtesten Bücher geschrieben hat, der Kern aller biblischen Texte war, nahm er ebenso überrascht wie vorbehaltlos den Sachverhalt zur Kenntnis, daß bei Gandhi überzeugendere Auslegungen und Anwendungen der Intentionen Jesu anzutreffen waren als im ganzen abendländischen Christentum, das – «jedenfalls in seiner bisherigen Gestalt und seiner bisherigen Interpretation» – unweigerlich zu Ende geht. Dies schrieb Bonhoeffer in einem Brief an seine Großmutter, in dem er ihr seine negative Einschätzung der kirchlichen

Situation in Deutschland darlegte und ihr den Plan einer Studienreise nach Indien anvertraute. Das Gerücht sprach sich rasch herum. Natürlich mokierte man sich über diese Kuriosität. Karl Barth schrieb noch nach mehr als zwei Jahren an Bonhoeffer: Wissen Sie, was «lange Zeit das Einzige war, was ich von Ihnen wußte? Die seltsame Nachricht, Sie beabsichtigen, nach Indien zu gehen, um sich bei Gandhi oder einem anderen dortigen Gottesfreund irgendeine geistliche Technik anzueignen, von deren Anwendung im Westen Sie sich große Dinge versprächen.» Bonhoeffer ließ sich nicht beirren. Er erhielt eine sehr freundliche Einladung von Gandhi. Doch sie kam zu spät. Inzwischen – es war das Jahr 1934 – hatten sich die politischen Verhältnisse so zugespitzt, daß Bonhoeffer das Land nicht verlassen mochte. Aber wer angenommen hatte, sein Interesse für Gandhi bestünde in der Neigung zu «irgendeiner geistlichen Technik», konnte sich keines guten Instinktes rühmen. Bonhoeffer hatte verschiedene Gründe, der Person und der Arbeit Gandhis Interesse zu widmen. Neben seinem beständigen Bedürfnis nach möglichst viel Welterfahrung und neben seiner zunehmenden Einsicht in die Sterilität hiesiger Kirchlichkeit waren es vor allem die von Gandhi praktizierten Methoden eines gewaltfreien Widerstands, die in ihm das Reiseprojekt nicht zur Ruhe kommen ließen.

Bonhoeffer war bewußt, daß man den ungeheuerlichen Bedrohungen durch das Hitler-Regime ganz und gar unvorbereitet entgegenging. Er hielt sich zur Bekennenden Kirche. Aber sie genügte ihm nicht. Sie erschien ihm trotz aller Redlichkeit der Bereitschaft, auf die Barrikaden zu gehen, letztlich politik- und wirklichkeitsfern. Von Anfang an war Bonhoeffer auf der Suche nach

Mohandas Karamchand Gandhi

Möglichkeiten einer frühzeitigen und wirksamen Opposition, die sich nicht erschöpfte im noch so entschiedenen Nein zum Nationalsozialismus, sondern die Alternativen plante, um das Dritte Reich an den Wurzeln anzugreifen und zu überwinden. In dieser Suche nach einer Zukunftspolitik war Bonhoeffer den meisten seiner durchaus konservativen Kommilitonen vom 20. Juli fremd und, wie ich meine, voraus. Er war nicht nur Rebell, sondern Prophet. Bonhoeffer wollte keine vergangenen Ideale restaurieren. Er war ganz und gar Zeitgenosse des zwanzigsten Jahrhunderts.

Über seine Beurteilung der Bombe gegen Hitler wissen wir nicht genug. Zweifellos fühlte er sich für den Staatsstreich mitverantwortlich. Seine Briefe verraten Niedergeschlagenheit, Aussichtslosigkeit am Tag nach dem mißlungenen Versuch. Bonhoeffer hätte sich gewünscht, daß Stauffenberg Erfolg hat. Er, der Pazifist, hat die Rolle des Täters, ja des Attentäters nicht verachtet. Untätigkeit kann Untat sein. Dennoch muß es sich nicht gegen sein Interesse richten, kritisch zu fragen: Wo blieb, als der Gedanke an die Bombe als die letzte Lösung auftauchte, die Theorie des Gewaltverzichts? Aber man kann, ja man muß genausogut umgekehrt fragen: Wohin kam der Widerstand gegen Hitler ohne die Theorie des Gewaltverzichts?

Im Rückblick ist aufschlußreich, wie unterschiedlich Gandhi und Martin Buber in einem (leider recht mißverständlichen) Briefwechsel 1938 die Chancen von Anstrengungen zur Verhinderung der Judenverfolgung einschätzten. Gandhi wollte den Juden einen Opfergang, die Passion zumuten. Außerdem war er, in offensichtlicher Verkennung der Sachlage, wohl allzu überzeugt, daß durch eine sofortige Solidarisierung von Nichtjuden mit Juden ein erfolgreicher Widerstand hätte gelingen können. Buber wehrte sich heftig gegen die Idee, Juden zugedachtes Leiden auch Nichtjuden aufzubürden, also sie gewissermaßen an ihrem besonderen Schicksal zu beteiligen. Außerdem war für Buber gewaltfreier Widerstand angesichts des fanatischen Vernichtungswillens Hitlers von vornherein zum Mißlingen verurteilt. Martin Luther King wiederum nahm Gandhis Überlegung auf, als er im Mai 1965 nach der Verleihung der «Amerikanischen Freiheitsmedaille» durch das American Jewish Committee erklärte: «Hätten sich Protestanten und Katholiken damals zu direkten Aktionen entschlossen, hätten sie die Unterdrückung der Juden als ihre eigene Unterdrückung empfunden, hätten sie Seite an Seite mit ihnen Straßen geschrubbt, hätten sie zu Millionen den Gelben Stern getragen etc. – dann hätte sich eine einzigartige Front des Massenwiderstands gegen diese furchtbare Herrschaft entwickeln können.»

Ähnliche Vorstellungen lassen sich bei Moltke finden. Er, der Anwalt eines unbedingt gewaltfreien Vorgehens sogar gegen Hitler, hat auch noch nach dem 20. Juli 1944 keinesfalls nur aus moralischen, sondern vor allem aus Gründen der politischen Klugheit eine Verhaftung des Diktators für richtiger und effizienter gehalten als den Versuch, ihn umzubringen. Er hatte die Stirn, in einem der unvergleichlich klaren und schönen Gefängnisbriefe an seine Frau Freya zu schreiben: «Wenn ich frei gewesen wäre, wäre das nicht passiert.» Da die Generäle die «Revolution», die Moltke im Sinn hatte, nämlich die Revolution gegen «einen Geist der Enge und der Gewalt, der Überheblichkeit, der Intoleranz und des Absoluten ..., der in den Deutschen steckt und der seinen Ausdruck in dem nationalsozialistischen Staat gefunden hat», nicht wirklich und mit aller Konsequenz erstrebten, waren sie für einen Gewaltakt. Denn «keine Revolution von der Art, wie wir sie brauchen, hätte den Generälen die Bedeutung und die Stellung gegeben, wie die Nazis sie ihnen gegeben haben und heute noch geben». Mit dieser nüchternen und scharfen Feststellung ging Moltke wohl noch einen Schritt weiter als Bonhoeffer, der schließlich in dem Attentat die von den geringen verbliebenen Chancen einzig mögliche gesehen zu haben scheint. Aber darin haben Bonhoeffer und Moltke übereingestimmt: Die Überwindung des Nationalsozialismus ist ein viel weitergehendes Ziel als die Eliminierung seines Führers.

Gerechtfertigt oder verteidigt hat Bonhoeffer trotz unausgesprochener Zustimmung das Attentat niemals. Er hat es mit jeglichen Folgerungen, bis hin zu dem eindeutigen Ja zum eigenen Tod, als «Schuldübernahme» und überdies (wie ich jedoch nur vermuten kann) als Kapitulation begriffen, das heißt als einen unbrauchbaren Ersatz für eine versäumte, langfristige, gewaltfreie, von verschiedenen Gruppen der Bevölkerung mitgetragene Bekämpfung des Nationalsozialismus. Für einen solchen Widerstand war weder die Kirche noch sonst eine einflußreiche Organisation disponiert. Widerstand, der erst mit dem Tyrannenmord geprobt wird, kommt eben zu spät. Bonhoeffer hat – obwohl er seine einstige Auffassung über Gewaltfreiheit nicht widerrufen hat – am Ende mit Gewaltträgern komplottiert, weil er sich einen privatistischen Pazifismus nicht leisten wollte, einen Pazifismus, der Passivismus ist und nur dazu hätte dienen können, scheinbar untadelig dazustehen. Seine – so hat er es selber ausgedrückt – «letzte verantwortliche Frage» lautete nicht: «Wie ich mich heroisch aus der Affaire ziehe», sondern «wie eine kommende Generation weiterleben soll».

Bonhoeffer hat Gandhi eben nicht als frommen Narren eingeschätzt, dessen Pazifismus nicht mehr war als Ausdruck einer moralischen Sehnsucht, sondern als einen Politiker der Menschlichkeit und der Menschheit, der nach haargenau ausgedachtem Konzept eine außerordentlich wirkungsvolle Friedensstrategie entwickelte. Für Gandhi war der planmäßige Abbau von Gewalt gleichbedeutend mit planmäßigem Aufbau von Politik. Durchweg gilt der Gedanke der Gewaltfreiheit als unpolitisch. Vielleicht hat jedoch eine Zeit begonnen, in der es die *Gewalt* ist, deren Gebrauch wir als *unpolitisch* zu entlarven haben. Eine von Gewalt freie Welt ist zwar noch nicht vorstellbar. Aber eine Welt, die mit Gewalt nicht anders als bisher umzugehen weiß, ist ebenfalls unvorstellbar geworden. Wie wir das Gewaltproblem lösen werden, das entscheidet über unsere Zukunft. Wer meint, es genüge, gerüstet zu sein, der ist ungerüstet. Gewalt erzeugt nichts Besseres als Gewalt.

Bonhoeffer hat Wehrlosigkeit als politische Qualität in den Austrag von Konflikten eingesetzt. Die Kirche hat in ihrer Geschichte immer wieder die Macht spiritualisiert. Im Pazifismus geschieht das Umgekehrte: Hier wird Ohnmacht politisiert. Wenn Bonhoeffer die Forderung nach Gewaltverzicht (zumindest für die Christen) zuspitzte zu der Forderung nach grundsätzlichem Verteidigungsverzicht, so hat er damit keineswegs individuale, edle, aber unpraktische Tugenden empfehlen wollen. Vielmehr war es seine Absicht, übliche Politik ihrer Phantasielosigkeit, ihrer stupiden Zahn-um-Zahn-Mentalität, ja ihrer tief depressiven Grundhaltung zu überführen. Er hat einmal geschrieben, daß einer, der die Waffe zur Hand nimmt, nie weiß, ob er nicht auf Christus zielt. Für Gandhi bedurfte es gar nicht erst des Hinweises auf Christus. Schon deshalb, so hat er gemeint, könne man keinen Gegner zum Todfeind erklären, weil die Wahrheit, weil das Recht doch auch auf seiner, des Gegners, Seite sein könne. Mit dieser Infragestellung der eigenen Position, mit dieser Selbstrelativierung wäre eine Entspannung, eine Bescheidenheit zu erreichen, eine Abkehr vom wie auch immer gearteten Unbedingtheitswahn des

Freund-Feind-Denkens: Man beruft sozusagen den Gegner in die Koalition, man stellt eine Übereinkunft der Unsicherheit, des Risikos her und eröffnet sich, indem man sich miteinander schwächt, einen dritten Weg, der jenseits der gehabten Möglichkeiten verläuft. Mit dem Hintergrund dieser Ansätze eines neuen politischen Verständnisses vom Menschen wird man zu der Überzeugung gelangen können: *Nur Ohnmacht macht Macht ohnmächtig*. Von der Fähigkeit, die Tragweite eines solchen Satzes zu erkennen, sind wir allerdings weit entfernt. Die Unmöglichkeit des Eingeständnisses von Schwäche, der Mangel an fruchtbarer Auseinandersetzung mit ihr ist eines unserer schwersten politischen Probleme. Solange die Wahrnehmung von Ohnmacht durch Machtsteigerung ausgeglichen wird, befinden wir uns in einer tödlichen Spirale. Wer *nicht zu verzichten bereit* ist, wird *zu vernichten geneigt* sein.

Der so gedacht hat, Dietrich Bonhoeffer, hat nicht in dünner Luft existiert. Er hat mit einer seltenen Intensität gelebt. Er hatte nicht viel Zeit, neununddreißig Jahre. Er hatte, buchstäblich, den «aufrechten Gang», selbst als er, in Häftlingskleidung, ruhig zum Galgen ging. «Sie sagen mir oft», so heißt es in einem seiner in der Haft verfaßten Gedichte, «ich träte aus der Zelle gelassen und heiter und fest wie ein Gutsherr aus seinem Schloß.» Er fügt jedoch die zweifelnde Reflexion hinzu: «Wer bin ich?» Bin ich der, der ich zu sein meine? Oder bin ich ebenso der, der ich zu sein scheine? Es gibt kein pures Ich. Leben spielt sich in lauter empfindlichen Wechselbeziehungen ab. Es ist bedingt selbständig. Zwischen dem, was wir aus uns selber, und dem, was wir durch andere sind, findet ein unaufhörliches Geben und Nehmen statt. «Identität» und «Rolle» gehen immerzu ineinander über. Aus sich allein heraus ist der Mensch, ist das Leben nicht zu definieren.

Von hier aus ist der Schritt zum nächsten Kapitel ganz klein. Dietrich Bonhoeffer und Martin Luther King in einem Atemzug zu nennen, mag überraschen. Aber trotz der augenfälligen Differenzen und Distanzen sind sie erstaunlich ähnlich. King war so alt wie Bonhoeffer, als er umgebracht wurde. Der eine wurde an einem 9. April gehenkt, der andere an einem 9. April beerdigt. Sie teilten eine Vorliebe für Mose vor dem Gelobten Land, Symbol der Erwartung – King spricht von ihm in einer seiner letzten Reden, Bonhoeffer in seinem vorletzten Gedicht. Wie Bonhoeffer einem «Gutsherrn» glich, so trug King den durchaus respektvoll verwendeten Spitznamen «The Lawd», das ist «Gottvater». Sie lebten gern, waren dem Schönen zugetan. Sie hatten immer Bücher um sich. Sie musizierten, konnten sich im Klavierspiel vergessen, waren für die Studierstube allein zu tatkräftig, für Pragmatismus zu nachdenklich. Sie hatten ein Talent zur Freundschaft, ihnen standen alle Türen für eine Karriere offen; doch sie beuteten die ihnen von Haus und Natur aus gegebenen Vorteile nicht aus; um sich vor ihnen zu hüten, verdächtigten sie sich der Korruption und blieben mit den Benachteiligten und Gefährdeten verbunden und verbündet: in den Slums im Wedding oder in Chicago, in den Gefängnissen in Tegel oder in Birmingham. Sie waren verletzlich, ohne wehleidig zu sein. Sie waren radikal, doch nicht mit Radau. Man zögert, sie revolutionär zu nennen; sie hatten einen konservativen Grundzug. Gleichwohl war ihre Kritik, die tiefer griff als die ihrer meisten Kollegen, angefacht vom Wunsch nach Veränderung. Der Impuls der Kritik war der Wille zum Wirken. Sie hatten Ziele vor Augen. Geist erschöpft sich nicht in der Lust, Defekte aufzuspüren. Von der *Zukunft* her wird der *Zustand* in Zweifel gezogen, liquidiert.

Was Bethge bei Bonhoeffer die «Tendenz zur Konkretheit» nennt, treffen wir genauso bei King. «Ihr werdet nur denken, was ihr handelnd zu verantworten habt» – dieser Satz könnte von beiden stammen. In Ansätzen haben sie so etwas wie eine *Theologie des Samariters* entwickelt – eine vielversprechende Konzeption, scheint mir. Anders als Priester und Levit, ließen sie sich ablenken und in Anspruch nehmen vom Augenblick. Das unfruchtbare Entweder-Oder von Theorie und Praxis haben sie mit ihren stets auf bestimmte Anlässe bezogenen, experimentell beschaffenen schriftlichen und mündlichen Artikulationen in fruchtbare Spannungen übersetzt. Sie waren auf direktes Wirken bedacht, nicht darauf, ein Werk zu hinterlassen. Die Skizzen, die Exkurse, die Entwürfe, die Pläne, die Aphorismen lagen ihnen mehr als abgerundete, enzyklopädische Abhandlungen. Was sie äußerten, war niemals unabhängig von der Situation, in der sie sich befanden. Es war von ihren Fragestellungen durchdrungen und ist daher nachträglich zumeist genau datierbar. Man kann ihrer Theologie nur biographisch, ihrer Biographie indessen nur theologisch beizukommen versuchen. Deswegen ist für ihr volles Verständnis unentbehrlich, was Eberhard Bethge von seinem Freund, was Coretta Scott von ihrem Mann *erzählt* hat. Lehren und Leben sind unzertrennlich. Sie verbürgen sich gegenseitig. Wahrheit nicht nur zu sagen, sondern zu tun, ist riskant. Der Preis kann der Tod sein.

Martin Luther King

«Ich habe versucht zu lieben»

Das Gerücht, daß ein Anschlag auf ihn geplant sei, war ihm bekannt. Er hat die drohende Gefahr mit seiner Frau, mit seinen Eltern, mit seinen Freunden besprochen. Auf alle Warnungen antwortete er: das Ziel, die Menschlichkeit zu retten, sei dem Wunsch, sein Leben zu retten, vorzuordnen. Das hört sich heroisch an. Aber Martin Luther King war nervös, als er am 3. April 1968 nach Memphis, Tennessee, flog, um dort auf einer Protestversammlung der Müllmänner die später berühmt gewordene Rede zu halten, in der er sagte: «Ich möchte auch gern lange leben. Doch darüber kann ich mir momentan nicht den Kopf zerbrechen. Ich muß tun, was jetzt notwendig ist. Weil ich, wie ihr wißt, auf dem Berge war, machen mir die Drohungen nichts mehr aus. Ich bin glücklich, mit euch zusammen in das Land zu ziehen, das ich vom Berge aus gesehen habe ...»

Am nächsten Tag, am späten Nachmittag, läutete bei Coretta Scott King das Telefon. Ein Mitarbeiter ihres Mannes war am Apparat und versuchte, ihr schonend beizubringen: «Doc wurde eben von einer Kugel getroffen; aber er lebt.» Zwei Stunden danach wurde der Tod Martin Luther Kings gemeldet. Auf dem Balkon eines Motels ist er durch einen Gewehrschuß in den Nacken getötet worden. Der Schütze, der von einer gegenüberliegenden Pension auf ihn zielte, war ein Kenner und Könner seines Handwerks. Er entkam. Um seinen Namen, James Earl Ray, wurde es bis heute nicht still. Nach einem abenteuerlichen Fluchtweg über Mexiko, Kanada und Portugal wurde er zwei Monate nach der Tat in London verhaftet. Erst neun Monate später bekannte er sich schuldig und wurde zu 99 Jahren Gefängnis verurteilt. Wer der Auftraggeber Rays war und ob ein Zusammenhang mit der Ermordung John F. Kennedys besteht, ist dunkel. Im Juni 1977 konnte Ray aus seinem Zuchthaus im Staat Tennessee ausbrechen und sich tagelang vor den Suchaktionen der Polizei verstecken. Der damalige Präsident der USA, Jimmy Carter, aus dessen Heimatstadt Georgia King stammte, teilte die Unruhe der Öffentlichkeit in der Frage nach den Hintermännern Rays und verlangte erneut restlose Aufklärung des Falls. Spekulationen – längst vergessen oder verdrängt – lebten wieder auf und durchgeisterten die Presse. Ralph Abernathy, Kings Nachfolger in der schwarzen Bürgerrechtsbewegung, stellte sogar die These auf, die Gefängnisbehörden selbst hätten Rays Flucht inszeniert, um zu verhindern, daß er bei Gerichtsverhandlungen unerwünschte Wahrheiten enthülle. Da die Affäre bis zur Stunde nicht ausgestanden ist, wundert es schon kaum noch, daß Ray am 3. Juni 1981 in der Bibliothek der Strafanstalt Brushy Mountain angefallen und niedergestochen wurde, ohne daß das Tatmotiv erklärt werden konnte.

Man weiß, daß der US-Geheimdienst CIA King in den sechziger Jahren bespitzelt, sein Telefon überwacht und seine Kreditkarten fotokopiert hat – in der aberwitzigen Absicht, ihn als Kommunisten, der enge Beziehungen zu Peking unterhalte, zu verdächtigen und zu entlarven. 1975 wurde ein Brief gefunden, den dpa am 18. November bekanntgegeben hat. Er war elf Jahre zuvor vom amerikanischen Bundeskriminalamt FBI an King geschickt worden, um ihm zu suggerieren, selbst Hand an sich zu legen: «Sie haben genau 34 Tage Zeit; Sie sind fertig, und das wissen Sie; Sie haben einen Ausweg, und den kennen Sie.» Zeugnisse dieser Art sind zahlreich. Aber zur «restlosen Aufklärung» scheinen sie nicht auszureichen.

Trotz dieser Nachwehen und der beharrlichen Weiterarbeit der Bürgerrechtsbewegung geht die Erinnerung an Martin Luther King langsam verloren. Sein Bild wird immer undeutlicher. James Baldwin, dessen Romane und Erzählungen die Welt der «Neger» und «Nigger», für die King gekämpft hat, auf das sinnenhafteste vergegenwärtigen, fragte zehn Jahre nach dem Mord von Memphis: «Denkt noch jemand daran, daß Martin nicht von einem, sondern von vielen umgebracht wurde? Wer ist denn noch betroffen von dem Umstand, in einem Lande zu leben, in dem etwas Blei genügt, um zu beseitigen, was uns zur Menschwerdung hilft?»

Zur Zeit des Todes von King kannte alle Welt sein Gesicht. Es gab kaum eine Woche, in der es uns nicht aus einer Zeitung oder vom Fernsehschirm ansah. 1963 erklärte TIME ihn zum

«Mann des Jahres». Er war für viele zu einer Symbolfigur für alle Bemühungen um Befreiung von Unterdrückung und Unrecht geworden. Nur ein Dutzend Jahre hatte ihm für seine politische Tätigkeit zur Verfügung gestanden. Manche halten seine Politik für gescheitert. Aber sie wissen nicht oder wollen nicht wissen, wovon sie reden. Denn es war ein immenses Programm, das King sich vorgenommen hatte, und er hat nicht nur zu einer allgemeinen Klimaverbesserung, sondern zu handfesten sozialen und gesetzlichen Neuregelungen erfolgreich beigetragen. Einige hundert Jahre Rassenvorurteil und Rassenhaß können nicht in einem Dezennium überwunden werden. Um so erstaunlicher ist der Sieg über die drastischsten Diskriminierungen, wie sie etwa in Verbotsschildern mit der Aufschrift «Nur Farbige» oder «Nur Weiße» zum Ausdruck kamen. Es hat sich nicht von allein so ergeben, daß Farbige im Theater nicht mehr auf die Empore, in den öffentlichen Verkehrsmitteln nicht mehr nach hinten verbannt werden. Die Geschichte – von King selbst ausführlich beschrieben und inzwischen in Lesebücher eingegangen – begann so:

Montgomery, Alabama, 1. Dezember 1955. Mrs. Rosa Parks, eine zweiundfünfzigjährige dunkelhäutige Näherin, eine freundliche Frau, bestieg einen Omnibus, um nach langem Arbeitstag heimzufahren. Der Bus war ziemlich voll, und Mrs. Parks setzte sich in die erste Reihe im Negerabteil. An der nächsten Haltestelle kamen mehrere weiße Passagiere hinzu. Der Fahrer befahl Mrs. Parks, ihren Platz einem weißen Mann einzuräumen. Sie war keine aufsässige Person. Sie wollte keinen Streit auslösen. Bloß, ihr Geduldsfaden riß, sie blieb sitzen und sagte: Ich bin müde. Der Fahrer winkte einem Polizisten, der sie festnahm und vor Gericht brachte.

Dergleichen passierte tagtäglich. Obwohl siebzig Prozent der Fahrgäste Schwarze waren, die denselben Preis zu zahlen hatten, blieb in den Bussen in Montgomery der meiste Platz für Weiße reserviert, und die Schwarzen waren schikanösen Behandlungen ausgesetzt. Zum Beispiel mußten sie vorn beim Fahrer das Billett lösen, durften jedoch nicht durch den Bus zu ihren Sitzen gehen, sondern hatten wieder aus- und dann durch die Hintertür noch einmal einzusteigen. Der Fahrer machte sich einen Spaß daraus, in diesem Augenblick Gas zu geben, so daß die Schwarzen bezahlt hatten und trotzdem nicht mitkamen. Diesem und ähnlichem Spiel setzte Rosa Parks mit ihrem kleinen Widerstand ein Ende.

Die Zeit war reif. Der gelehrige Onkel Tom, der sich seinen Platz anweisen ließ, gehörte der Vergangenheit an. Mit dem Minimum an Freiheit, das der Schwarze erworben hatte, war ihm bewußt geworden, daß man sich Geschichte nicht einfach gefallen lassen muß, sondern daß man an ihrem Verlauf mitwirken kann. Ein Wort sprach sich herum: discontent, Unzufriedenheit, so geht es nicht weiter! Und ihm folgte alsbald das nächste Wort: fight, Kampf. Unter der Oberfläche kündigten sich Explosionen an. Die Masse war mürbe, suggestibel, also bereit, allen Parolen zu glauben, die Veränderung versprachen.

Martin Luther King, seit kurzem Pfarrer in Montgomery, hatte schon seit Universitätstagen die Voraussetzungen und die Möglichkeiten koordinierter und zielgerichteter Aktionen der Schwarzen gegen das System der Ungerechtigkeit untersucht. Zur komplizierten Typologie von Macht, Herrschaft, Gewalt hätte er gern Gedanken beigetragen, die den üblichen Vereinfachungen entgegenwirken. Er studierte die einschlägige Literatur von Marx bis Thoreau. Aber nun blieb für ruhige theoretische Betrachtungen keine Zeit mehr. Am Abend nach der Verhaftung von Rosa Parks lud er einflußreiche schwarze Bürger in den Kellerraum seiner Kirche ein. Es kamen, womit er gar nicht zu rechnen gewagt hatte, Ärzte, Anwälte, Kaufleute, Gewerkschaftsführer, Lehrer, Angestellte der Bundesregierung und viele Geistliche. Nach einer stürmischen Sitzung, deren vernünftigen Kurs zu steuern fast mißlungen wäre, beschloß man den hernach namhaft gewordenen Omnibusboykott von Montgomery.

Ein paar Taxiunternehmungen stellten ihre aus 210 Wagen bestehende Flotte für den Boykott zur Verfügung und beförderten alle Schwarzen für zehn Cents, den normalen Busfahrpreis. King war besorgt, ob man die Disziplin, die für diesen Plan nötig war, aufbringen werde. Er fürchtete

Einschreitungen der Weißen, Ausschreitungen der Schwarzen. Gerüchte beunruhigten ihn. Aber am Morgen des 5. Dezember ergab sich ein ungewöhnliches Bild:

Die Trottoirs wimmelten von Frauen und Männern auf dem Weg zur Arbeit. Studenten gingen zu Fuß ins College. Die Taxen waren vollgestopft mit vergnügten Leuten. Manche ritten auf Mauleseln. Andere benutzten Einspänner. Jemand fragte ein altes Mütterchen, ob es denn die Strapazen verkraften könne und nicht wünsche, daß die Busse bald wieder führen. Darauf die Frau: «Gestern war meine Seele müde, und meine Füße waren ausgeruht; heute sind meine Füße müde, aber meine Seele fühlt sich wohl.»

Doch die zuversichtliche Stimmung dieses Tages hielt nicht lange vor. Die andere Seite dachte nicht daran nachzugeben. Ein Aktionskomitee wurde gegründet, dessen Vorsitz King übernahm. Länger als ein Jahr sollten die Anstrengungen dauern. Hoffnungen wuchsen; doch zugleich nahmen Rück- und Querschläge zu. King sah sich unversehens in der Rolle, von der er sich gern dispensiert hätte, in der er sich unbehaglich und überfordert fühlte, aus der seine Freunde ihn indessen keinesfalls mehr entlassen wollten. Je mehr er sich engagierte, um so gereizter und gefährlicher wurden die Reaktionen. Bombenanschläge, massive Einschüchterungsversuche, obszöne Anrufe, brutale Drohbriefe – das wurde das tägliche Brot der Familie King.

Eines Abends – er war gerade unterwegs – detonierte ein Zeitzünder in seinem Haus. Wenige Augenblicke später strömten tausend schwarze Frauen und Männer herbei. Sie waren bewaffnet mit Messern, Pistolen, Knüppeln, Steinen, Flaschen. Tumult entstand. Feuerwehrleute und Polizisten kamen, sogar der Bürgermeister. Schließlich kam auch King, bahnte sich einen Weg ins Haus, sah nach Frau und Kindern, hastete auf die Veranda, wo er – flankiert von zwei schreckensbleichen Beamten – die Arme hob, um der drohenden und fluchenden Menge anzuzeigen, daß er etwas sagen wolle. Ein Mann forderte, man solle endlich abrechnen mit der Polizei, die Gelegenheit sei günstig! Wut- und Kampfgeschrei. Bis einer rief: «Hört erst den Doktor.» Und nun folgte eine der Reden von Martin Luther King, in dem unverkennbaren singenden Tonfall der Baptistenprediger, der seinem Volk so vertraut war, aber aufmerken ließ wegen der kräftigen, wie im Sonett gemeißelten Sprache. Was man hier zu hören bekam, erinnerte eher an ein Plädoyer im Gerichtssaal als an die Predigt in der Kirche. King verstand es, das, was zumeist unausgesprochen als Wunsch, als Verlangen, als Sehnsucht vorhanden war, umzusetzen in klare Forderungen, die jedermann einleuchteten. Schon als Fünfzehnjähriger hatte er Preise für Rhetorik erworben. Dabei ging es ihm nicht um die Technik von Sprache und Sprechen, sondern um die Kunst des Überzeugens, das heißt um den Glauben an Wirkung durch Worte. Das Wort ist das Kampfmittel des Friedens. Ungefähr dies rief King der aufgebrachten Versammlung zu: Erst wenn wir ruhig werden, sind wir handlungsfähig. Wenn ihr Gewehre dabei habt, bringt sie nach Haus oder werft sie ins Meer. Wir brauchen sie nicht. Wer Gewalt mit Gewalt, Bomben mit Bomben, Tötung mit Tötung erwidert, löst keine Probleme, sondern begibt sich auf das Niveau seiner Gegner. Die Fähigkeit unserer Gegner, uns Leid zuzufügen, können wir nur wettmachen mit unserer Fähigkeit, Leid zu ertragen ...

Schweigen, Staunen, Betroffenheit in der Menge. King fuhr fort: Der Busboykott ist nicht meine private, sondern unser aller Angelegenheit. Deswegen soll im Lande jeder wissen, daß man unsere *Bewegung* nicht erledigt, wenn man *mich* erledigt ... Eine Frau schrie: Gott segne dich, mein Sohn! Amen-Rufe ertönten. Eine Gruppe begann, Spirituals zu singen. Man ging nach Hause.

Nach aufreibenden Schwierigkeiten war am 21. Dezember 1956 das Ziel des Boykotts erreicht. Ein führender weißer Mann der Stadt bestieg zusammen mit King einen Omnibus. Und die wakkere Rosa Parks war auch dabei. Sie fuhren den ganzen Tag, kreuz und quer. Abends zuvor war endlich ein die Rassentrennung aufhebendes Urteil des Obersten Gerichtshofs in Montgomery eingetroffen. Die Autobusgesellschaft, mittlerweile kleinlaut geworden, hatte ihre Fahrer zu höflichem Verhalten aufgefordert. Zwei weiße

Fahrgäste stellten plötzlich fest, daß sie *hinter* einem Farbigen saßen. Das hatte es noch nicht gegeben. Der eine bedeutete dem anderen: «Soviel ich sehe, werden wir diesmal keine weiße Weihnacht haben.» Der Schwarze drehte sich um und gab den beiden Männern die Hand.

Ich erzähle diese Vorgänge so einläßlich, weil das Experiment von Montgomery zum Modell für künftige Aktionen wurde. Die hier gesammelten Erfahrungen gleichen Versuchen in einem Laboratorium, in dem Martin Luther King die Konzeption einer gewaltlosen Verbesserung der Lage der Schwarzen entwerfen, prüfen und ausarbeiten konnte. Montgomery war nur der Ausgangspunkt. Von hier aus wurden Hoffnungslose mit Hoffnung, Resignierte mit Ideen infiziert. Überall entstanden Aktivitäten. Im Januar 1957 kamen Vertreter aus zehn Bundesländern zusammen, um – wie King sagte – das gesamte Potential der gewaltlosen Revolution zu bündeln. King, auf den nun schon die Blicke der Nation gerichtet waren, rief die «Southern Christian Leadership Conference» zusammen und erhielt damit sein organisatorisches Vehikel. Zu einer imponierenden Organisation ist die Conference nie geworden. Von außen gesehen war sie nicht viel mehr als ein lockerer Verbund von ungefähr hundert lokalen Gruppen, die für die Schwarzen alle Bürgerrechte erwirken sollten. King wollte keine Zentrale, sondern Zentren. Er sah sie als Trainingsstätten, in denen «Kommilitonen», das sind Mitkämpfer, ausgebildet werden sollten nach einem strengen Plan mit folgenden Leitgedanken:

Der erste Leitgedanke. Es geht um direkte Aktion. Ein bestimmter Notstand – meistens handelt es sich um Probleme der zwischenrassischen Beziehungen – muß dramatisiert werden. Man darf sich dabei niemals auf vage Gerüchte und subjektive Eindrücke verlassen. Vielmehr ist der Notstand genauestens zu analysieren. Danach gilt es, die Bevölkerung des ausgewählten Operationsgebietes zu unterrichten über Methode und Zielsetzung der Aktion. Die Aktion braucht die Sympathie derer, die nicht an ihr teilnehmen, aber sie beobachten.

Der zweite Leitgedanke. Zu Taten kann man erst übergehen, nachdem so lange und zäh wie möglich verhandelt worden ist. Wir wollen unsere Gegner für unsere Sache gewinnen, indem wir ihnen zeigen, daß unsere Sache ihre Sache und ihre Sache unsere Sache ist. Den Begriff «Sieg» kennen wir nicht. Er gehört in den Boxring. Bei einem Sieg bleibt eine der Parteien auf der Strecke. Wir aber wollen, daß von beiden Seiten etwas auf der Strecke bleibt, damit wir frei sind, gemeinsam weiterzugehen. Der Ort unserer Auseinandersetzung ist der Konferenztisch. Erreichen wir da nichts, haben wir uns zu besinnen, zu erforschen, um zu gewährleisten, daß die Aktionen, die wir nun einleiten, nicht vom Geist der Feindseligkeit bestimmt sind. Die besten Umgangsformen mit Gegnern erfindet die Liebe.

Der dritte Leitgedanke. Der Kampf um Rassengleichheit ist nicht harmlos. Er bringt unvermeidlich Leiden mit sich. Es kommt darauf an, Leiden zu akzeptieren. Zum Tun gehört das Dulden. Wir wissen, daß wir, wenn wir Gerechtigkeit zwischen Schwarz und Weiß herstellen wollen, durch Ströme von Blut hindurch müssen. Aber wir sind entschlossen, dafür zu sorgen, daß es – wenn es denn sein muß – nicht das Blut unserer Gegner ist.

Der vierte Leitgedanke. Das Ziel der direkten Aktion ist erst erreicht, wenn die beiden einander gegenüberstehenden Parteien zufrieden sind. Wir beabsichtigen keine Unterdrückung der Unterdrücker. Wir lehnen den umgekehrten Rassismus, zu dem wir permanent versucht werden, ab. Wir streben Versöhnung an. Versöhnung ist jedoch nicht Verwöhnung. Sie ist das Ergebnis harter Anstrengungen aller, die in den Kampf verwickelt sind.

Worte wie Leiden, Liebe, Versöhnung verlieren in Kings Mund jeden sentimentalen, auch jeden sakramentalen Beiklang. Sie sind Ausdrücke der Vernunft. Was nicht liebend praktiziert werden kann, muß unvernünftig sein – das war Kings Logik. Gewalt ist niemals auf Versöhnung aus, sondern auf Unterwerfung, auf Ungleichheit. Sie schafft die Angst nicht aus der Welt, sondern ist ihr Produkt, bedient sich ihrer und vermehrt sie, bis sie unkontrollierbar gefährlich wird. Selbst die mit raffiniertesten Instrumenten operierende Gewalt unterliegt irrationalen Gesetzen. Wer ohne Gewalt politisch wirksam werden will, muß ihre Grundursachen durchschauen und ihnen begegnen können; er muß also Angst nehmen können. Seine Aufgabe ist die Verwandlung von verantwortungsloser Angst in angstlose Verantwortung.

Mit solchen – hier nur knapp skizzierten, von King wieder und wieder durchdachten und eingeprägten – Realideen haben viele Tausende das vierfältige Amt eingeübt: das Amt der informierten Aktion, der geduldigen Verhandlung, des angenommenen Leidens und der friedlichen Versöhnung. Was auf den ersten Blick wie eine politische Partei aussah, war tatsächlich weit mehr: eine Lebensschule. In ihr studierte und probierte man konkret neuartige Aktions- und Reaktionsweisen gegen jegliche Erscheinung von Gewalt. Lernziel war eine Tugend des Entgegen- und Zuvorkommens. Man wollte durch Überlegung überlegen werden. Statt des Rückschlags antwortete man mit einem Vorschlag. Gewalt ist ein primitiver Reflex, gegen den man sich erziehen kann zu einer buchstäblich entwaffnenden Haltung, die einen in den Stand setzt, den linken auch noch darzubieten, «so dir jemand einen Streich gibt auf deinen rechten Backen». King bezeichnet dies Verfahren als «asymmetrisch». Er legt ein anderes Maß an als der Gegner. Statt Gleiches mit Gleichem zu vergelten, wird eine unerwartete Beziehung hergestellt: Es wird ein Angebot zur Ent-Feindung unterbreitet, zur Umlenkung auseinanderstrebender in verbindende Interessen. Immer wieder aber hat King betont, daß die Zusicherung der Unterlassung von Gewalt mehr ist als ein Instrumentarium zur Unschädlichmachung von Gewaltpotentialen; Gewaltfreiheit basiert auf einer prinzipiell neuen Einstellung, die alle Gewalt involvierenden und produzierenden und damit den Menschen sich selbst entfremdenden Gesetzmäßigkeiten entschleiert und überholt. Gewaltfreiheit ist tiefste Kritik der bestehenden Verhältnisse, ist Vorgriff auf eine Zukunft, die mehr ist als verlängerte Vergangenheit.

Jede bedeutende pazifistische Theorie und Praxis unseres Jahrhunderts hat Gandhi zum Paten. Gandhi war auch Kings Lehrer. Er war – eine rare Verbindung – Philosoph und Politiker in einer Person, Intellektueller und Staatsmann zugleich. In Gandhi erkannte King, schon als Student, das lebendige Vorbild einer Revolution größten Stils. Indien zog ihn an, er besuchte Nehru, kehrte aber enttäuscht zurück, weil die Evidenz Gandhischer Lehren durch Anpassungspolitik verlorengegangen war. In Gandhis Schriften fand King Inspiration und Intuition in Hülle und Fülle. Er nannte ihn den «wahrscheinlich ersten Menschen in der Geschichte», dem es überzeugend gelungen war, Jesus – die Verkörperung des liebenden Menschen – und die Ethik der Bergpredigt als einen «positiven *gesellschaftlichen* Faktor» zu verstehen. Durch Jesus und Gandhi entdeckte King, der am Kommunismus die Verachtung des Individuums, am Kapitalismus die Verachtung des Kollektivs bemängelte, die *unüberbietbare Funktion des einzelnen* für die soziale und politische Wirklichkeit. Der landläufig als der reine homo religiosus vorgestellte Nazarener war selbstverständlich ein homo politicus. Sein Leben und sein Sterben sind eine Mikrokopie von Frieden. Zumal jene nicht gerade zahlreichen Überlieferungen, die als authentisch gelten können, sind Bausteine für eine Biographie exemplarischer Gewaltlosigkeit. Er brachte Verkanntes zu Ansehen. Sanftmut erwies er als Klugheit, Milde als Tapferkeit. Martin Luther King hatte als Kind ein Lieblingslied: «I want to be like Jesus» – ich möchte gern wie Jesus sein. Als Erwachsener empfand er eine zunehmende Nähe zu dem biblischen Jesus und eine zunehmende Ferne zu dem kirchlichen Christus. In diesen Zusammenhang gehört auch die Anziehungskraft, die hebräisches Denken auf ihn ausübte, das Gefühl der Solidarität mit jüdischer Geschichte und Gegenwart. Was für andere auseinanderklafft, hat King zu vereinigen versucht, ohne es zu veruneigentlichen: Altes und Neues Testament, Okzident und Orient, Liebe und Gerechtigkeit, Person und Politik. Wegen dieser Fähigkeit zum schöpferischen Umgang mit Gegensätzen ist er zu einem Prototyp für eine Weltfrömmigkeit geworden, wie wir ihrer zu bedürfen scheinen.

Gandhi und King hatten in der Bergpredigt ebenso schlichte wie erstaunliche Thesen gelesen –

zum Beispiel den Satz von dem Gott, der über Gute und Böse die Sonne scheinen und über Ungerechte und Gerechte den Regen fallen läßt. Das ist, hört man genauer hin, eine folgenschwere Behauptung. Sie bringt eine ständige Bezweiflung dessen, was man bisher für unumstößlich hielt, mit sich. Wo soll ich denn hinkommen, wenn ich nicht einmal mehr meines Feindes gewiß sein kann? Der Feind, das ist in der Bergpredigt offenbar zunächst etwas, was man nicht nur bei anderen, sondern *vor allem bei und in sich selbst* zu suchen hat. Deswegen hat es auch keinen Sinn, den Feind als etwas zu vergegenständlichen, was vernichtet werden muß oder was überhaupt von der Bildfläche verschwinden könnte. Er bleibt immer da. Der Glaube an die Möglichkeit der Ausrottung der Feinde ist der Glaube der Zeloten aller Zeiten. In der Bergpredigt wird er als Illusion durchschaut. Und mit den verblüffenden Aufforderungen zum liebenden Verkehr mit Feinden wird der Grund gelegt für eine neue, keine weiche, keine vernebelnde, sondern eine kräftige, kritische, offensive Toleranz. Auf diesem Grund hat Gandhi, hat auch King eine Politik mit ganz anderen als den üblichen Vorzeichen entwickelt und den Nachweis erbracht, daß es kein Hirngespinst ist, militärische und sonstige Gewaltinstitutionen zu ersetzen durch gewaltfreie Strategien. Wer nach Gandhi und King noch behauptet, es gäbe keine historischen Beispiele für waffenlose Umwälzungen, will einen Sachverhalt nicht wahrhaben nach der Devise, daß nicht sein kann, was nicht sein darf.

Es kann nicht anders sein: Der sehr diffizil begründete, aber konsequent durchgehaltene Pazifismus Kings fand auch in der eigenen Umgebung nicht nur Zustimmung. Er trug ihm den Spottnamen «Martin Loser King», das ist Martin Verlierer King, ein. Dieser Titel hat ihn nicht verletzt, sondern veranlaßt, zu erklären, daß «Widerstand und Ergebung» nicht zu trennen sind. King wollte der tödlichen Zahn-um-Zahn-Mentalität entwachsen. Eine Frau stieß ihm, als er in einem Warenhaus Bücher signierte, einen scharfen japanischen Brieföffner lebensgefährlich zwischen die Rippen. Hätte er sich nicht bis zur Operation völlig passiv, bewegungslos verhalten, er wäre gestorben. Die Polizei wollte für ihn Strafanzeige stellen. Er winkte ab: «Die Frau braucht einen Therapeuten, keinen Richter.»

King wollte mit allem, was er dachte, sagte, machte, heute schon vor- und darstellen, was erst morgen möglich sein wird. Kommendes sollte vergegenwärtigt werden. Es sollte denen, die man überzeugen wollte, anschaulich vor Augen geführt werden, damit sie es mit Zutrauen, ohne Befremdung empfangen konnten. Friede muß nicht allein Ziel, sondern bereits Mittel sein. King setzte alle seine Kräfte gegen die Verwechslung einer konvulsiven mit der konstruktiven Revolution ein. Er propagierte und protegierte eine «Revolution der Werte», also die Revolution von einem «neuen Tag» her, den er «vom Berge aus» gesehen hatte und von dem er in seinen Reden, seinen Bergreden, zu singen und zu sagen wußte. King hatte Phantasie und war doch kein Phantast. Er war ein Mann mit einem Traum und doch kein Träumer. Er hatte die Vision, daß alle Menschen, Sklaven wie Sklavenhalter, Schwarze wie Weiße, Chinesen, Russen und Amerikaner, sich gemeinsam an den «Tisch der Brüderlichkeit» begeben und teilen würden, was die Erde für sie wachsen läßt. Er liebte das Bild vom «Haus der Welt» und erzählte gern die Geschichte von einer Familie, die verstreut in verschiedenen Gegenden lebt und ein Schloß erbt mit der Bedingung, daß alle unter ein Dach ziehen und eine Gemeinschaft bilden. Ohne diese Schalomvision, für deren Veranschaulichung King Bilder von der Kraft der Propheten des Alten Testaments erfand, wäre er in das «Loch der Traurigkeit» gefallen. Die Vision aber hat ihn dem Alltag nicht entrückt, sondern sie hat seinen Blick für ihn und seine Beschaffenheit geschärft. Aus der Erkenntnis der Polarität dessen, was *ist*, und dessen, was *werden* muß, bezog er seine politische Nüchternheit, die eine geglückte Symbiose aus Geduld und Ungeduld, aus Ausdauer und Spontaneität war.

Gern hätte man King zu einem Apostel milder Gewaltlosigkeit oder gar zu einem Schutzpatron von law and order stilisiert. Doch damit ging und geht man einer Provokation aus dem Weg. Man übersieht die radikalen Aspekte seiner politischen

Theorie. King war kein bürgerlicher, sondern ein systemkritischer Pazifist. Allerdings quälte King jene düstere Regel, der er selber zum Opfer gefallen ist: daß nämlich das Vernünftige das Unvernünftige hervorzulocken scheint, daß die Konfrontation mit Gewaltlosigkeit Instinkte der Gewalt weckt und eine Zerstörungswut entstehen läßt, weil die «volle Häßlichkeit der Gewalt» eben gerade durch die Freiheit von Gewalt zum Vorschein kommt. Man könnte Hölderlins Satz umkehren: Wo das Rettende ist, wächst Gefahr auch. Deswegen muß Pazifismus als eine Gratwanderung beschrieben werden. Jeder Schritt ist riskant und will bemessen sein. Ein noch so friedliebender Mensch kann oder muß sogar zum Werkzeug der Gegenseite werden, wenn er sich einverleiben läßt in ein Moral- und Sozialgefüge, das nicht anders als durch Gewalt – und zwar meistens legalisierte Gewalt – zu überdauern imstande ist. Der Pazifist muß, ohne seine Absicht preiszugeben, von vornherein die Folgen, den Erfolg mitkalkulieren, damit er nicht im Namen der Gewaltlosigkeit am Ende bloß Gewalt und ihre Handlanger unterstützt.

Weil King diese Ambivalenz des Pazifismus, den er im übrigen niemals das «das Gute», sondern stets nur als das «geringere Übel» definiert hat, bewußt war, verlangte er die Benennung «glasklarer Ziele» bei jeder Aktion. Seine Methoden waren ebenso einfallsreich wie wirkungsvoll. Statt Gewalt mit Gegengewalt zu erwidern, bevorzugte und entwickelte er frappante, aber zivile, nicht verletzende Maßnahmen, welche die andere Seite zu bestimmten gewünschten Handlungen motivieren sollten. King verursachte Störungen ohne Zerstörungen, power ohne violence. «Bleibt unsere Arbeit frei von Gewalt, so kann sie, ohne daß ein Streichholz angezündet oder ein Schuß abgefeuert wird, erdbebenartige Ausmaße annehmen.» Er stiftete zu Ungehorsam, ja nötigenfalls zu Massenungehorsam an, niemals jedoch zum Abbruch von Kommunikation. Er warnte seine Freunde vor einer «Guerillaromantik» und sorgte in seiner Umgebung für streng rationale und das bedeutet auch: verläßliche Operationen. Die Randalierer nannte er reaktionär, zu ähnlich denen, gegen die sie sich wenden. Keine Parole war ihm so fremd wie: Töte für das Reich Gottes! Denn jedes Prinzip, das auch nur ein einziges Menschenopfer rechtfertigt, stellt Krieg in Rechnung und bereitet ihn vor. Wer den Tod als Preis kalkuliert, hat seinen Friedenswillen längst eingebüßt.

King geriet, wen wundert's, zwischen die Stühle. Er geriet in eine prekäre Lage zwischen den Parteien dieser und jener Gewalt. Von Ernesto Cardenals Satz, daß «Gewalt besser ist als Feigheit», trennten ihn Welten. Gewalt als Alternative zu Feigheit? Entstammen nicht beide, die Gewalt wie die Feigheit, ein und derselben Wurzel? Und wenn sie schon verglichen und unterschieden werden sollen, dann ist Feigheit doch immer noch menschlicher als Gewalt. Alles, was anders ist als Gewalt, ist besser als sie. Deswegen mochte King auch Herbert Marcuses «Gewalt der Verteidigung» keinesfalls als Verteidigung der Gewalt akzeptieren. Rückfragen, ob nicht doch bestimmte Verhältnisse die vorübergehende Anwendung von Gewalt zuließen oder gar erzwängen, hat er für seine Person, für seinen Auftrag, für seine Kampagnen immer entschiedener abgewiesen. Denn Gewalt ist identisch mit Unfrieden. Seinen Vorsatz, eine Typologie der Gewalt zu explizieren, also manifeste von latenter, direkte von struktureller Gewalt scharf zu trennen, um sämtliche, die verstecktesten ebenso wie die offenkundigen Formen von Gewalt als das, was sie sind, nämlich Gewalt, zu dekuvrieren, hat King leider nicht mehr verwirklichen können.

Der Sommer 1963 brachte King, nach Jahren der Überanstrengung, eine gewisse Beruhigung. Er konnte froh sein über sichtbare Resultate. Er unterstützte John F. Kennedys Bürgerrechtsvorlage im Kongreß mit einer großen, friedlichen Demonstration am Lincoln-Denkmal in Washington. Der anschließende Besuch im Weißen Haus stimmte ihn optimistisch. Aber drei Monate später wurde die aufkeimende Hoffnung gedämpft. Es kam der 20. November. Es war elf Uhr dreißig. King saß an seinem Schreibtisch und ließ nebenher den Fernsehapparat laufen. Plötzlich schreckte ihn die Nachricht auf: John F. Kennedy was shot. Was shot – die englische Sprache kennt den Unterschied zwischen Angeschossenwerden und Erschossenwerden nicht. Deswegen hinterließ diese Meldung zunächst Unsicherheit. Es folgten jedoch rasch weitere Informationen. Falsche und richtige reihten sich aneinander: auch Vizepräsident Johnson verwundet, zwei Priester ins Parkland Hospital von Dallas gerufen, Überführung des verletzten Gouverneurs Connally, Bluttransfusion, ein Polizist erschossen, Johnson doch unversehrt, der Präsident noch am Leben, Feuergefecht mit dem angeblichen Attentäter in einem Kino, letzte Ölung, Absperrungen am Tatort, Mrs. Kennedy im Krankenhaus, ein Mann des Geheimdienstes angeschossen, die Priester verlassen den Operationssaal, Stille, dann: «The President John Fitzgerald Kennedy is dead.» Die Kings sind wie gelähmt. Die Tochter kommt weinend aus der Schule; sie fühle sich nun wieder vogelfrei, erklärt sie den Eltern. King zu seiner Frau: «So wird es mir auch ergehen. Ich sage dir, dies ist eine kranke Gesellschaft.» John und ebenso Robert Kennedy hatten King nicht nur persönlich vielfach geholfen, sondern sie standen sich auch sachlich, vor allem in Fragen der Innenpolitik, nahe. Nach dem Präsidentenmord befiel die Bürgerrechtsbewegung eine schwere Depression. «Dieser Schuß», so King, «galt und traf nicht zuletzt uns.»

Es folgte ein Jahr der Belastung und Hektik. An seinem Ende freilich stand ein Ereignis, das King und seine Familie und seine Freunde beglückte. Er nahm am 11. Dezember 1964 in Oslo den Friedensnobelpreis in Empfang. Das Geld kam unverkürzt der Bürgerrechtsbewegung zugute. Die magistrale Dankrede war eine große Friedensvorlesung, das Publikum die ganze Welt. Nicht primär die Rassenfrage war sein Thema; aber als Teilaspekt stellte sie sich um so dringlicher. «Kriegskunst» habe eine imposante Geschichte. Aber all der Aufwand, der ihr gegolten hat, und noch viel mehr müsse nunmehr in eine «Friedenskunst» investiert werden, deren «unvorstellbare» Bravour die einzige Alternative zur terrestrischen Katastrophe sei. Krieg vollzieht sich jedoch nicht nur mit Kanonen und Raketen. Er lauert hinter vielen Fassaden. So griff King unverblümt «das riesige Trio Rassismus, Materialismus und Militarismus» an. Daß die Kindersterblichkeit bei Farbigen immer noch höher ist als bei Weißen und die Schande des Krieges in Vietnam hat er als einen unseligen Zusammenhang bloßgestellt und gebrandmarkt. Je schonungsloser er die Heucheleien, die geheimen Bündnisse der amerikanischen Gesellschaft sezierte, um so rapider sank der einst so hoch eingestufte Beliebtheitsgrad. Die Reaktion auf die Verleihung des Friedensnobelpreises und auf Kings bedeutendste Rede fiel in seiner Heimat seltsam zwiespältig aus.

Wer war dieser Martin Luther King? So tätig er war (man bezeichnete ihn als «man on the go», weil er in einem Jahr 780000 Meilen reiste und 250 Reden hielt) – so tätig er also war, ein Tatmensch war er nicht. Er machte eher den Eindruck eines

Grüblers. Unendlich ernst, etwas schwermütig, den Blick oft in die Ferne gerichtet, nachdem er die Dinge in der Nähe kurz und eindringlich aufgenommen und sorgfältig eingeschätzt hatte. Sollte ein Lächeln über sein Gesicht gehuscht sein, so wischte er es rasch wieder weg – als wäre es ein Versehen gewesen. Immer waren die Skrupel bei ihm. Er verdächtigte sich beständig der Korruption, um sich vor ihr zu bewahren. Er litt unter dem Druck des Bekanntseins. Rückten ihm die Fernsehkameras auf den Leib, so wußte er nicht, wo die Hände lassen. Dem Scheinwerferlicht entging er, wo er nur konnte, und Vortragsveranstaltungen und Gefängnisse (er war mehr als dreißigmal verhaftet) verließ er durch Hinterausgänge. Ein Mann, der jederzeit ins Weiße Haus konnte, aber auf den Straßen der Südstaaten besser Polizeibewachung beanspruchte, der vom Papst und von Regierungschefs gern in Audienz empfangen wurde, aber den der erstbeste Kneipenwirt um die Straßenecke mißtrauisch beobachtete und lieber gehen als kommen sah. Guckt man King auf Gruppenfotos an, so ist er ohne Zweifel das Zentrum; dennoch hat man den Eindruck, daß ihm die Texte manchmal banal erscheinen, daß die leiernden Melodien der populärsten Lieder ihm abscheulich in den Ohren klingen, daß er nicht wirklich dazugehört und eigentlich lieber woanders wäre. Gern hätte er, der Freundschaft «höchsten Wert im Leben» beimaß, sich auf die Freunde beschränkt. Und gern hätte er sich zurückgezogen zu seinen Büchern, zu den großen Denkern Kant, Hegel, Marx, auch Sartre, Jaspers, Heidegger, die seine Bibliothek bewohnten und mit denen er vertraut umging. Immer hatte er sich eine Laufbahn an der Universität gewünscht. Ab und zu setzte er sich ans Klavier, probierte Schubert oder Beethoven, aber es blieb – notiert Coretta – fast immer eine Unvollendete. Selbstvergessenheit gelang Martin nur im Spiel mit den Kindern, in dem er den Spaß, die Leichtigkeit, den Humor, den Charme wiederfand, die ihm in den Zerreißproben seiner exponierten Aktivität gelegentlich abhanden zu kommen drohten. Wenige haben erkannt, ein wie sensibler und verwundbarer Mensch er war. Er war jemand, der von früh an wußte, daß er sein Leben lang gefährdet sein würde. Mit dreizehn Jahren hatte er schon zwei Selbstmordversuche hinter sich. King galt als «schwarzer Unruhestifter». Eine Gruppe von Pfarrern warf ihm öffentlich Extremismus vor. In einer im Gefängnis auf Toilettenpapier geschriebenen Erwiderung fragte er zurück: «War Jesus kein Extremist?» Aber nicht die Unruhe nur, auch die Ruhe gehörte zu ihm. Wie Albert Einstein nahm er an und ließ sich von diesem Gedanken leiten, daß es «eine schöpferische Kraft in unserm Weltall gibt, die am Werk ist, die getrennten Erscheinungen der Wirklichkeit zu einem harmonischen Ganzen zusammenzufassen».

Dieser Martin Luther King, eine bizarre Kombination von Rollen: Dolmetscher, Leiter, Symbol, Opfer – er ließ sich nicht irritieren. Er widersprach dem Klischee, das man von einem Neger hat: Er gab sich gepflegt, hatte beste Manieren, war ein ausgezeichneter Tänzer. Trotz sportlicher und kämpferischer Veranlagung verzichtete er von Jugend an auf Selbstverteidigung, galt als stoisch, wurde wegen seines Gleichmuts bestaunt. Aber seit Kindertagen hat ihn die grobe Mißachtung der Schwarzen durch die Apartheidsfanatiker tief gekränkt. Mehr als einmal war er im Begriff, in blinder Wut loszuschlagen. Man hörte stets den Schmerz in seiner Stimme, wenn er darüber sprach. Und das war dann der Schmerz seines Volkes, dem er Ausdruck gab. Er machte sich zur Stimme derer, die keine haben.

Was mag diesen Menschen in eine so merkwürdige Situation gebracht haben? In seiner Grabrede, das wünschte er sich, solle nichts weiter über ihn, nur dies vielleicht gesagt werden: er habe versucht zu lieben. Ja, und wenn man denn wolle, so dürfe man ihn einen Trommler nennen, einen Trommler für mehr Gerechtigkeit, einen Trommler für mehr Frieden. Tatsächlich wird man zugeben müssen, daß es nicht zuerst seine Ideen waren, die King Bedeutung verliehen haben. Wir können bei ihm nicht viel finden, was nicht schon andere vorgedacht hätten. Darauf hat er sich auch stets berufen. Ein imponierender Redner war er sicher. Aber das erklärt noch nicht seine Wirkung und Nachwirkung.

King selber hätte wohl gesagt, daß er seine Position dem Zeitgeist zu verdanken habe. Es war soweit in der Geschichte, die Stunde war gekommen, und nun mußte geschehen, was geschehen ist. Doch auch dies ist nur mit einer Randbemerkung richtig: Er hat die Herausforderung, die ihm von der Situation zugespielt worden war, auch wirklich angenommen. Er war ein Mann äußerster Empfindlichkeit und Empfänglichkeit. Männer sind sonst nicht so.

Was Martin Luther King meinte, wenn er vom verheißenen Land sprach, verstand seine Umgebung genau. Er sah dies Land nicht *über* sich, sondern *vor* sich. Das war keine metaphysische, sondern metaphorische Sprache. Das Land – vom Berge aus hatte er es gesehen – war gleichbedeutend mit jener Zukunft, die Ernst Bloch «Heimat» genannt hat. Das «Prinzip Hoffnung» schließt mit dem Wort Heimat. Heimat ist nicht Her-, sondern Zukunft. Statt ihr nachzutrauern, muß man ihr entgegensehen und -gehen. Heimat ist Neuland. Wer es aufsuchen will, muß Muttererde verlassen.

King hatte einen Lieblingsgedanken, mit dem er eine schöne Summe seines Denkens formuliert hat: den Gedanken von der Dreidimensionalität des Lebens. In Ansprachen hat er diesen Gedanken hundertfach, und zwar aus dem Stegreif, variiert. Die drei Dimensionen muß man partout als Zusammenspiel begreifen. Für sich allein genommen, verfälscht jede die Wahrheit. Sie ergänzen, sie bedingen, sie beleben einander. King entnahm diesen Gedanken der Apokalypse: «Die Länge und die Breite und die Höhe der Stadt sind gleich.» So wird das künftige Jerusalem beschrieben. An dieser Stadt wollte King mitbauen. In ihr würde sich leben lassen. Das Bild fand er unerschöpflich.

Die Länge, das ist die Selbsterfüllung, die Ichfindung, die eine Entwicklung, ein *Weg*, nicht ein Besitz ist. Die Breite, das ist die Anteilnahme, die Nachbarlichkeit, die Brüderlichkeit, die Dufindung. Und die Höhe, das ist die Öffnung, die Hoffnung, die Erkenntnis der Unverfügbarkeit, der Unfertigkeit, die Einsicht, daß vieles im Leben von weither kommt und daß alles, was ist, nicht alles ist, also auch anders, sogar schöner werden kann.

Mit seinem Talent, Herz und Kopf zu verbünden und Ergriffenheit und Begrifflichkeit gleiches Recht zu gewähren, wußte King über die Gleichzeitigkeit der drei Dimensionen und über ein Leben, in dem sie reich entfaltet werden, begeistert und begeisternd zu reden. In der St. Paul's Cathedral in London, wo er seine Reise nach Oslo unterbrach, hat er auch über die Länge und die Breite und die Höhe der Stadt gepredigt. In der ersten Reihe saß ganz hingerissen inmitten der gespannt, aber wohlerzogen zuhörenden Honoratiorengemeinde Martin Luther King sen., also der gute alte Daddy King, der ihn begleitete, und er murmelte unter Aufwand außergewöhnlicher Beherrschung vor sich hin, was er zu Hause, in seiner

Baptistenkirche, zweifellos laut dazwischengerufen hätte: «Sag es deutlich, mein Sohn, sag's deutlich!»

Leider gelingt es unsereinem nie oder selten, es so deutlich, wie es nötig wäre, zu sagen. Ich schließe deswegen nicht mit meinen, sondern mit geliehenen Worten, mit den Versen, die der emigrierte russische Lyriker Jevgeny Jevtuschenko in Mexiko hinschrieb, als er die Nachricht vom Mord an Martin Luther King erhielt:

Er war ein Neger, aber weiß wie Schnee,
und rein war seine Seele.
Er wurde getötet von Weißen
mit schwarzen Seelen.
Als ich's erfuhr,
traf mich die gleiche Kugel.
Ihn tötete die Kugel,
doch mich gebar sie neu,
gebar mich als einen Neger.